Quellen und Forschungen zur
Geschichte des Kreises Warendorf

Begründet von Siegfried Schmieder

Herausgegeben vom Kreisgeschichtsverein Beckum-Warendorf e.V.
durch Olaf Gericke, Stefan Wittenbrink, Hildegard Schröer,
Knut Langewand

Band 63

Warendorf 2023

Ahlen und seine Stolpersteine

Ahlen und seine Stolpersteine

Erinnerungskultur in einer westfälischen Industriestadt

von

Manfred Kehr

Aschendorff
Verlag

Die Drucklegung erfolgte durch den
Kreisgeschichtsverein Beckum-Warendorf e.V.

Der Verein bedankt sich für die großzügige Förderung durch den
Landschaftsverband Westfalen-Lippe
und die Volksbank e.G.

LWL
Für die Menschen.
Für Westfalen-Lippe.

Ahlen und seine Stolpersteine
(Quellen und Forschungen
zur Geschichte des Kreises Warendorf, Band 63)
Warendorf 2023

Titelbild: Collage mit Abbildungen zur Geschichte der Ahlener Stolpersteine
(Abb. aus dem Buch Nr. 5, 18, 28, 34, 62a, 71, 79; s. Abbildungsverzeichnis)

Bibliografische Information der Deutschen Nationalbibliothek:
Die Deutsche Nationalbibliothek verzeichnet diese Publikation in der Deutschen Nationalbibliografie. Detaillierte bibliografische Daten sind im Internet abrufbar unter: dnb.d-nb.de.

Verlag: Aschendorff Verlag GmbH & Co. KG, Münster
www.aschendorff-buchverlag.de

Printed in Germany
Gedruckt auf säurefreiem, alterungsbeständigem Papier

ISBN 978-3-402-14290-5

Zum Geleit

In Ahlen wie in anderen Orten des Kreises regen uns die Stolpersteine dazu an, innezuhalten und der Menschen zu gedenken, deren Schicksal die Messingquadrate wachhalten. An Ort und Stelle, nämlich an den früheren Wohnstätten der Opfer, rufen sie uns in Erinnerung, dass vor 90 Jahren auch zwischen Ems und Lippe die systematische Verfolgung ganz verschiedener Gruppen begann - aus „rassischen", politischen und religiösen Gründen. Menschen, die bis 1933 unbehelligt in der Mitte der Gesellschaft gelebt hatten, gerieten nun plötzlich in den Fokus des nationalsozialistischen Terrorapparats.

Über 75 Jahre nach dem Ende der NS-Herrschaft richten sich die Stolpersteine an uns Nachgeborene und zeigen uns, wo die Opfer der Verfolgung wohnten, ob sie überlebten und - gegebenenfalls - wohin ihr Weg sie nach 1945 führte.

Manfred Kehr hat für die Stadt Ahlen die verdienstvolle Aufgabe übernommen, die Lebenswege der Verfolgten zu recherchieren und für sie Stolpersteine zu schaffen - häufig in Zusammenarbeit mit ihrem Initiator, Gunter Demnig. Das Ergebnis dieser jahrzehntelangen Arbeit - die ersten Stolpersteine in Ahlen wurden 2008 verlegt - spiegelt nun auch dieses Buch wider.

Auf der Basis von Quellen- und Archivmaterial zeichnet Kehr ausführlich die Wege der Verfolgung von Jüdinnen und Juden, Sozialdemokraten, Kommunisten, Katholiken, Zeugen Jehovas, Sinti und Roma, Zwangsarbeitern und von Menschen mit Behinderungen nach.

Dieses Buch ist ausdrücklich nicht als Endpunkt, sondern als Zwischenstopp und gewissermaßen als Stein des Anstoßes zu sehen. Denn neuen Hinweisen auf Verfolgte werden neue Stolpersteine folgen.

Ich wünsche diesem Buch daher eine hohe Aufmerksamkeit und einen großen Leserkreis.

Landrat Dr. Olaf Gericke
Vorsitzender des Kreisgeschichtsverein Beckum-Warendorf e.V.

Vorwort Dr. Alexander Berger

Die Verlegung von Stolpersteinen ist eine in Ahlen erfolgreiche Initiative. War sie ursprünglich in 2007 als einmalige Aktion vom Rat der Stadt Ahlen gedacht, ist daraus ein verstetigter Beitrag im Rahmen der Erinnerungskultur geworden. Die jährlichen Veranstaltungen reihen sich ein in die Gedenken zum 27. Januar, 8. Mai und 9. November, für die maßgeblich der Arbeitskreis weiterführender Schulen und das Forum Brüderlichkeit stehen. Mit der letzten Verlegung am 29. Januar 2021 sind 155 Stolpersteine in das Ahlener Straßenpflaster eingelassen worden. Sie erinnern an die Schicksale von Bürgerinnen und Bürger dieser Stadt, die im Namen einer menschenverachtenden Ideologie Opfer von Diskriminierung und Ausgrenzung geworden sind. Die meisten von ihnen mussten ihr Leben lassen, weil sie nicht in die Vorstellungen einer geschlossenen Volksgemeinschaft passten. Kulturelle und ethnische Vielfalt, individuelle Lebensentwürfe und abweichende Vorstellungen von gesellschaftlichem Zusammenleben verachtete die Nazi-Diktatur. Wer sich ihr widersetzte, war zwischen 1933 und 1945 seines Lebens nicht mehr sicher – auch nicht in Ahlen.

Die Täter wollten jede Erinnerung an die geschändeten Opfer vergessen lassen. Deren Gräber sind ohne Namen. In den Lagern ermordete Juden, Roma und Sinti, geistig und körperlich Behinderte, Angehörige des christlichen Widerstands, Zeugen Jehovas, sogenannte Asoziale, Kommunisten, Sozialdemokraten sollten namenlos und vergessen bleiben. Selbst im Tod sollte ihnen jede Würde geraubt sein. Erst spät begann auch die Ahlener Stadtgesellschaft, das Unrecht des nationalsozialistischen Terrors aufzuarbeiten. Ich danke hierfür ausdrücklich meinem Vorgänger Horst Jaunich, der in den 1980er Jahren eine aktive Erinnerungskultur angestoßen hat. Die Volkshochschule der Stadt Ahlen – namentlich Hans Werner Gummersbach – erforschte in den folgenden Jahren Kapitel der NS-Vergangenheit und fragte erstmals nach den Geschichten der Menschen, die vom Unrechtsstaat ermordet oder vertrieben worden waren.

Das Stolperstein-Projekt des Künstlers Gunter Demnig gilt als das weltweit größte dezentrale Denkmal. Mit über 75.000 Steinen gibt es allen Kindern, Frauen und Männern ein Stück der Würde zurück, die ihnen in deutscher Verantwortung genommen wurde. Jeder einzelne Stein soll uns anregen, einen Moment innezuhalten und über das Leben eines Menschen nachzudenken, dessen Träume, Wünsche und Hoffnungen sich nicht erfüllt haben. In der Erinnerung an das Leid unserer früheren Ahlener Bürgerinnen und Bürger liegt der Schlüssel zum Verständnis, wohin abwertende und ausgrenzende Einstellungen führen. 155 Stolpersteine sind 155 Appelle, zu jeder Zeit und bei jeder Gelegenheit für Demokratie und Freiheitlichkeit einzustehen.

Gespräche mit Nachfahren der Verfolgten und intensive Recherchen in den Archiven haben Manfred Kehr auf manch unvermutete Spur geführt. Seine wertvolle Arbeit ist nicht eher an ihr Ende gelangt, bis auch das Schicksal eines jeden drangsalierten Ahlener NS-Opfers erforscht und mit einem Stolperstein ein ehrendes Gedenken gesetzt ist.

Dr. Alexander Berger
Bürgermeister der Stadt Ahlen

Vorwort Gunter Demnig

Hallo nach Ahlen,

... mit Dank und besonderer Anerkennung für die Organisation in Ahlen.

Das Projekt/die Aktion STOLPERSTEINE wäre nie möglich gewesen ohne die Mithilfe und Planung in den Kommunen. Das war mit eine Grundidee für die Realisierung – die STOLPERSTEINE sollten nicht einfach importiert werden.

Die Bürger sollten interessiert und beteiligt werden:

- Wie war das denn damals hier bei uns?
- Wie konnte das geschehen?

Meist sind es Heimat- oder Geschichtsvereine, die sich schon traditionell mit diesem Thema befasst hatten, aber über die STOLPERSTEINE einen neuen Weg gesehen haben, eine breitere Öffentlichkeit zu mobilisieren.

In Ahlen war es eine fast einmalige und wunderbare Kombination von Bürgeranfragen und der Verwaltung der Stadt, die das Projekt aufgegriffen und konsequent realisiert hat.

Dafür nochmals mein ganz besonderer Dank –
auch im Namen der STIFTUNG-SPUREN

Gunter Demnig

Vorwort Lamya Kaddor

Liebe Leserinnen und Leser,

jüdisches Leben in Deutschland begleitet mich von Geburt an – wenn ich auch zunächst nichts davon wusste. Meine Eltern sind aus Syrien eingewandert und bezogen 1976 in Ahlen ihre erste Wohnung auf der Klosterstraße in der Innenstadt. Keine zwanzig Meter entfernt hatte vierzig Jahre zuvor ein jüdisches Gemeindehaus gestanden. Es beherbergte damals die wegen des NS-Regimes verarmte Familie Moszkowicz. Wiederum vierzig Jahre nachdem meine Eltern in die Klosterstraße gekommen waren, im November 2016, stand ich an diesem Ort. Man hatte mich eingeladen, der Verlegung der Stolpersteine von Gunter Demnig für Imo und Benjamin Moszkowicz beizuwohnen. Es war ein sehr einnehmendes und emotionales Erlebnis unweit des Beginns meiner eigenen Familiengeschichte in Deutschland. Wie meine Eltern waren die Moszkowicz' einfache Leute. Aber während sich mein Vater mehr oder weniger freiwillig auf den Weg in die Fremde begab, wurde Benjamin Moszkowicz 1914 als polnischer Kriegsgefangener verschleppt. Nach dem Krieg gelang es ihm wie meinem Vater, sich trotz geringer Deutschkenntnisse eine bescheidene wirtschaftliche Existenz aufzubauen. Wie mein Vater holte er seine Familie nach. 1925 wurde Sohn Imo in Ahlen, 1978 wurde ich in Ahlen geboren. Unsere Familiengeschichten weisen über die Jahrzehnte hinweg so manche Parallelen auf – zumindest bis zu dem Punkt, als die Verfolgungen im Alltag immer erdrückender für die Familie Moszkowicz wurden und sie schließlich den Grausamkeiten des Holocausts ausgesetzt waren.

Damit Menschen so etwas nie wieder widerfährt, sind wir alle, die wir in Deutschland leben, aufgerufen, wachsam zu sein. Für mich schloss sich bei der Verlegung der Stolpersteine für Imo und Benjamin Moszkowicz ein Kreis, denn Rassismus und Hass sind selbst achtzig Jahre nach den unermesslichen Verbrechen der Nazis nicht überwunden: Als Muslimin und als Deutsche, als Frau mit arabischen Vorfahren erfahre ich heute nahezu täglich Anfeindungen und Bedrohungen. Die Erinnerung an die unfassbaren Ereignisse im Zweiten Weltkrieg hochzuhalten, ist mir ein großes Anliegen geworden. Ich forsche zum Antisemitismus und konzipiere Präventionsprojekte. Auch mit Schülerinnen und Schülern des Städtischen Gymnasiums in Ahlen, das ich einst selbst besuchte, habe ich schon in der Ehemaligen Synagoge in Drensteinfurt dazu gearbeitet. Information, Begegnung, Empathie und Solidarisierung sind die wichtigsten Instrumente gegen Gleichgültigkeit und Vergessen – die beiden größten Feinde der Wachsamkeit. Daher danke ich Manfred Kehr persönlich für dieses Buch zur Erinnerungskultur in meiner Heimatstadt Ahlen. Das Buch ist überdies rühmlich, weil es mit dem Blick auf andere Opfergruppen all jenen einen Strich durch die Rechnung macht, die sich in der trügerischen Gewissheit wähnen, ihnen würden keine Gefahren drohen, weil sie weder Juden noch Migranten seien. In verbrecherischen politischen Systemen, wie sie die nationalsozialistischen Menschenfeinde errichtet hatten, ist am Ende niemand sicher. Damals mussten Bürgerinnen und Bürger sterben, weil sie die „falschen" politischen Überzeugungen pflegten, weil sie arm waren und ihr Leben zwischen Familie und Arbeit nicht auf die Reihe bekamen, weil sie sich als gläubige Mitglieder zur evangelischen und katholischen Kirche bekannten, mit körperlichen und geistigen Behinderungen lebten, das falsche Geschlecht liebten, zu ethnischen Minderheiten gehörten oder einfach weil sie dem neidischen Parteifunktionär von nebenan ein Dorn im Auge waren. Ich wünsche diesem Buch, dass es in und um Ahlen herum so viele Leserinnen und Leser wie möglich findet und es dadurch gelingt, viele weitere Menschen zu informieren, zu sensibilisieren und gegen Unrecht aktiv werden zu lassen.

Herzlichst,
Ihre Lamya Kaddor

Mitglied des Bundestages, Bündnis 90/Die Grünen
Islam- und Erziehungswissenschaftlerin
Islamische Religionspädagogin
Publizistin

Vorwort des Forum Brüderlichkeit

Sie halten ein wichtiges Buch in Ihren Händen, dem viele Leserinnen und Leser zu wünschen sind. Es ist ein Impuls, nachzudenken, eine Brücke zu schlagen zwischen unserer Zeit und den Menschen, ihren Sorgen und Nöten, die uns ein Vorbild, mindestens aber ein Anlass zum Nachdenken sein sollen…

Manfred Kehr hat die Geschichte der Verlegung der Stolpersteine in Ahlen geschrieben und damit selbst einen „Stolperstein verlegt". Das Stolpersteinprojekt entwickelt sich seit 1993 zum größten dezentralen „Gedenkmal" in Europa. Das Gedenken, das aktive Nachdenken mit dem Ziel, die Zukunft menschenwürdig zu gestalten, ist für jeden wichtig. Die in dem Buch geschilderten Schicksale sollen auch heute noch berühren, uns verändern, unsere Sicht auf Geschichte und Politik prägen. Wir dürfen sie nicht in der Vergessenheit einmauern. Nachfolgende Generationen sollen positiv beeinflusst werden, das Bewusstsein für unsere Geschichte soll wachgehalten werden, es darf weder „aussterben" noch verlorengehen. Insofern kann dieses Buch auch zur Gewissensbildung beitragen.

Elvira Högemann-Ledwohn (Tochter von Josef Ledwohn, Stolpersteinverlegung am 28.01.2020) schreibt in einem Brief an Manfred Kehr: „In einer Zeit, in der Rassismus und Anknüpfung an faschistische Tradition wieder versuchen, im politischen Leben an Boden zu gewinnen, ist es wichtig und verdienstvoll, daran zu erinnern, wie viel Mühe und Opfer es gekostet hat, uns schon einmal von diesem Ungeist zu befreien." Manfred Kehrs Buch ist ein wichtiger Beitrag, dieses Erinnern wachzuhalten, es einzuüben, es zu pflegen. Und so ist es ein bedeutender Baustein der Ahlener Erinnerungskultur. Die Muttersprache dieses Erinnerns kann nur der Dialog sein.

„Ein Mensch ist erst vergessen, wenn sein Name vergessen ist."
(Talmud, zitiert von Gunter Demnig)

Lothar Weichel
(für das Forum Brüderlichkeit, Ahlen)

Inhalt

Zwischenstationen? Wie waren diese Schicksale in historische Zusammenhänge einzuordnen?

Dieses Prinzip machte es an einigen Stellen nötig, jüdische Familien zu „trennen" (in anderen Opfergruppen handelte es sich ohnehin fast ausschließlich um Einzelschicksale) und damit offensichtlich der Philosophie des Stolperstein-Projektes zuwiderzuhandeln, die Familien, die die Nazis auseinandergerissen haben, an ihren Heimatorten wieder zusammenführt. Dieses Problem war mir bewusst, glaube aber, dass ich diesen Nachteil eintausche zum einen gegen tiefere Einblicke in ein sehr differenziertes NS-Lagersystem. In jedem KZ wurde gemordet, aber nicht jedes war ein „Todeslager". Außerdem versuche ich, die besondere Bedeutung der „Ostland-Ghettos" für das Schicksal gerade der westfälischen jüdischen Familien herauszuarbeiten, hier ist die Forschung in der „Nach-Gummersbach-Ära" ein gutes Stück vorangekommen.

Zum anderen arbeite ich die verschiedenen „Überlebensstrategien" der Ahlener Jüd/-innen, Kommunist/-innen und Zeug/-innen Jehovas heraus, die in vielen Fällen durchaus erfolgreich waren. Gleichwohl wird an zahlreichen Stellen dieses Buches auf familiäre Zusammenhänge hingewiesen bzw. werden diese soweit derzeit möglich rekonstruiert. Hier sollte meine Nachfolge unbedingt weiterarbeiten.

Wegen der bereits geleisteten Aufarbeitung jüdischen Lebens in Ahlen wird nunmehr der Blick gelenkt auf die Opfer, die bisher weniger Beachtung fanden: die Opfer des nationalsozialistischen Rassenhygienegesetzes sowie die politisch Verfolgten, hier vor allem die Kommunist/-innen. Besonders der letzten Gruppe begegnet man auch in Ahlen oftmals mit einer befremdlichen Empathielosigkeit, die bis zur Relativierung nationalsozialistischer Menschenrechtsverletzungen geht.

Die Forschungen Ahlener Schüler/-innen zu den Zeugen Jehovas und zur Zwangsarbeit werden aufgegriffen und vertieft, die wenigen Spuren deutscher Sinti, die es in Ahlen gibt, dokumentiert.

Wen das Buch motiviert, in einige Aspekte stärker „einzutauchen", sei auf die allgemein zugängliche inzwischen reichhaltige Literatur verwiesen. Und hier - medienkritische Menschen mögen nachsichtig sein - ist WIKIPEDIA eine große Hilfe. Die Internet-Enzyklopädie ermöglicht einen raschen Erstzugriff auf komplexe Sachverhalte, um sich dann gezielt seinen speziellen Interessen zu widmen.

Mit der 12. Verlegung am 28. Januar 2022 liegen in Ahlen 185 Stolpersteine, verlegereif sind aktuell weitere 49. Diese eingerechnet sind etwa zwei Drittel (152 = 65,2 %) jüdischen Menschen gewidmet, 35 politisch Verfolgten (= 15 %), 25 (= 10,7%) „Euthanasie"-Opfern, 13 Zwangsarbeiter/-innen und acht Zeug/-innen Jehovas.

Wurden in den ersten drei Verlegerunden ausschließlich Personen jüdischen Glaubens geehrt, haben am 5. März 2010 mit Selma Englisch und August Kirchner erstmalig zwei Kommunist/-innen einen Stein erhalten. Erweist sich die Datenerhebung von politisch Verfolgten als schwierig (s. Kap. 4.1 und 4.2), war die Suche in den Dokumentationszentren der bundesdeutschen Gedenkstätten, im LWL-Archiv für Psychiatrie, im Bundesarchiv, aber auch in den Datenbanken des Kreisarchivs außerordentlich ergiebig.

Die wichtigsten wissenschaftlichen Quellen für die Erhebung von Daten Ahlener Opfer des Nationalsozialismus:

- Gedenkbuch des Bundesarchivs für die Opfer der nationalsozialistischen Judenverfolgung in Deutschland (1933–1945)
- International Tracing Service ITS – Internationaler Suchdienst Bad Arolsen (UNESCO)
- Gedenkstätten für die Suche nach jüdischen Opfern: Ravensbrück, Esterwegen
- Gedenkstätte Bergen-Belsen für die Opfer der Roma und Sinti
- Gedenkstätte LVR-Kulturzentrum Abtei Brauweiler
- Psychiatriearchiv beim Landschaftsverband Westfalen-Lippe, Münster
- Gedenkstätten für Euthanasieopfer: Stiftung Gedenkstätten Sachsen-Anhalt Bernburg, Landeswohlfahrtsverband Hessen Fachbereich Archiv, Gedenkstätten, Historische Sammlungen; Gedenkstätte Hadamar u.a.
- Jehovas Zeugen Zweigbüro Zentraleuropa (Selters, Taunus)
- Landesarchiv Nordrhein-Westfalen, Abteilung Westfalen
- Landesarchiv der VVN-BdA NRW
- Datenbank „Zwangsarbeit" beim Stadtarchiv Münster
- Kreisarchiv Warendorf (Einwohnermeldekartei, Findbuch usw.)
- Kartenarchiv im FB 6 – Stadtentwicklung und Bauen der Stadt Ahlen
- Standesamt der Stadt Ahlen.

Hinzu kommt eine Reihe bürgerschaftlicher Hinweise, von Nachfahren, ehemaligen Nachbarn, vor allem von „Euthanasie"-Opfern und Verfolgten aus den Reihen der Ahlener Ortsgruppe der Kommunistischen Partei. Hier gibt es offensichtlich einen großen Aufarbeitungsbedarf.

Aufmerksam Lesenden wird nicht entgehen, dass die in diesem Buch abgedruckten Inschriften der Stolpersteine sich gelegentlich von denen im Ahlener Straßenraum unterscheiden. Der Grund dafür ist, dass die Inschriften zum Zeitpunkt der Verlegung Momentaufnahmen sind, die den jeweiligen Erkenntnisstand über das Schicksal der Opfer widerspiegeln. In der Zwischenzeit erschließen sich neue Quellen, die Daten alter Quellen werden ergänzt und verändert, ein sehr dynamischer Prozess. Streng genommen müsste ein Stolperstein bei geänderter Erkenntnislage ausgewechselt werden. Da der Aufwand dafür jedoch sehr groß ist, wurden neue Daten bisher aufgenommen und sorgfältig dokumentiert. Zu einer Neuverlegung kommt es nur – so die bisherige Praxis -, wenn nicht einzelne Daten modifiziert werden, sondern neue Erkenntnisse den alten grundsätzlich widersprechen.

Als Beispiel mag der Stolperstein des ehemaligen Lehrers der jüdischen Schule, Adolf Tint, dienen:

HIER WOHNTE
ADOLF TINT
JG. 1899
VERHAFTET 9.10.1939
DEPORTIERT 1.11.1942
RIGA
STUTTHOF 1.10.1944
ERMORDET

Abb. 2: Stolpersteine für Adolf Tint und andere

Schließlich sei auf ein weiteres Anliegen dieses Buches verwiesen, womit sich der Kreis zu Gummersbach schließt: Die Kategorisierung in „nationalsozialistische Opfergruppen" birgt die Gefahr der Stereotypisierung. Diese ist aus wissenschaftlicher Sicht solange akzeptabel, wie sie den Charakter und das Ausmaß der NS-Gewaltherrschaft kenntlich macht und bei der Analyse hilft. Die individuellen Schicksale treten dahinter jedoch zurück.

Hier liegen auch die Grenzen der Stolpersteine. Außer Geburtsdatum und Wohnort zeigen sie nichts von dem Menschen hinter der Inschrift. Das ist schon aus praktischen Gründen kaum zu leisten, umso wichtiger ist es, die Schicksale zu individualisieren, den Personen eine Stimme zu verleihen, die sie selbst nicht mehr erheben können, denn fast alle sind tot.

Der „Jude" war Schützenkönig.
Die „Kranke" war eine fürsorgliche Mutter.
Die „Jüdin" konnte gut singen.
Der „Kommunist" schnitt Kindern gratis die Haare.

Wie viele Juden wurden erst durch die Zuschreibung der Nationalsozialisten zu Juden, obwohl ihnen ihr Jüdischsein gar nicht wichtig war, sie ihre Religion nicht praktizierten und sie auch von ihrer Umwelt nicht als Juden wahrgenommen wurden? Jüd/-innen sind und waren nie die besseren Menschen in der Gesellschaft, und es gehört zum Gesicht eines jeden einzelnen, ihn und sie auch mit ihren Fehlern und Schwächen zu sehen. Niemand wird Harvey Weinsteins sexistische Untaten heute milder (oder härter?) bewerten, weil er Jude ist. Dennoch gibt es hier, 78 Jahre nach dem Ende der Naziherrschaft, noch viel zu tun.

2. Opfergruppe der Jüdinnen und Juden

2.1 Vorbemerkungen

Die Verfolgung der jüdischen Bevölkerung Ahlens unterlag den gleichen Rahmenbedingungen, wie sie überall im „Reich" herrschten. Als lokale Besonderheit lässt sich vielleicht die - allerdings nur mündlich überlieferte - Absicht herausstellen, Ahlen zur ersten judenfreien Stadt in Deutschland zu erklären, was auf einen gewissen Eifer der örtlichen Nazis hindeutet.

Die jüdische Gemeinschaft lebte bis in die Weimarer Republik hinein unauffällig und gut integriert. Juden nahmen rege am Vereinsleben teil, übernahmen Vorstandsposten, waren Mitglieder der Freiwilligen Feuerwehr. Synagoge und jüdische Schule waren im Altstadtbild eingepasst, auffällig war allenfalls die geringe Zahl jüdischer Schüler/-innen im Ahlener Realgymnasium, im Zeitraum 1919–1933 waren zwölf ausschließlich männliche Jugendliche verzeichnet. Da seinerzeit die Schulbildung mit dem sozialen Stand der Eltern verbunden war, lässt sich doch ein Ahlener Akzent feststellen: eine starke Repräsentanz armer jüdischer Familien.

Die folgende Darstellung der jüdischen Opferschicksale Ahlens - immerhin Zweidrittel der verlegten Stolpersteine - orientiert sich eher an den Deportationszielen und Tötungsorten und versucht, diese zu systematisieren. Über das Alltagsleben der Jüd/-innen und ihre Integration in die Stadtgesellschaft, über antisemitische Verfolgungen vor der Deportation ist das meiste von Gummersbach gesagt worden und muss nicht wiederholt werden.
Ein Sonderfall ist die nicht geringe Zahl an geglückten Fluchten Ahlener Jüd/-innen, vor allem nach Palästina. Es liegen fast keine Informationen vor, Einreiselisten nach Palästina gibt es nicht (oder sind nicht zugänglich). Die israelische Botschaft in Berlin ist zwar hilfsbereit, kann aber auch keine erfolgversprechenden Forschungswege weisen. So endet das Wissen über viele Personen mit dem lapidaren Eintrag „Ausreise nach Palästina" im städtischen Melderegister ohne einen einzigen Hinweis, mit welchem unsäglichen Leid das Überleben in dieser Zeit verknüpft war. Viele Überlebendenbiographien lassen demzufolge nur die Konsequenz zu, auch diese Menschen als Opfer zu betrachten.

Bereits 2013 schien die Datenlage soweit erschöpft, dass erstmalig ein Ende des Ahlener Stolperstein-Projektes ins Auge gefasst wurde. Doch durch seine Öffnung, die nun auch die Verlegung von Steinen für überlebende Opfer des Nationalsozialismus erlaubte, erhielt das Ahlener Projekt einen neuen Aufschwung: 99 Personen, denen seither Steine gewidmet wurden (= 42,5 %), darunter zahlreiche Jüd/-innen, haben die Nazizeit überlebt.

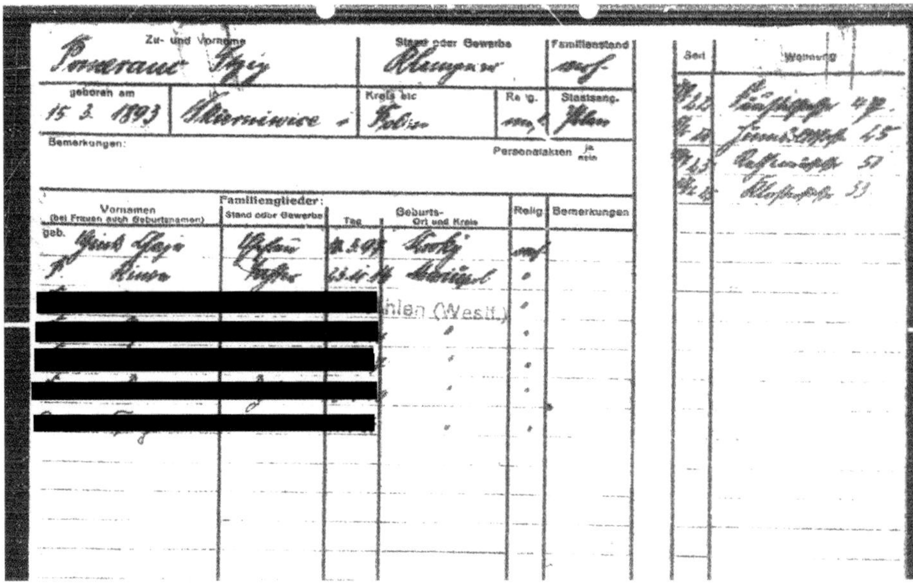

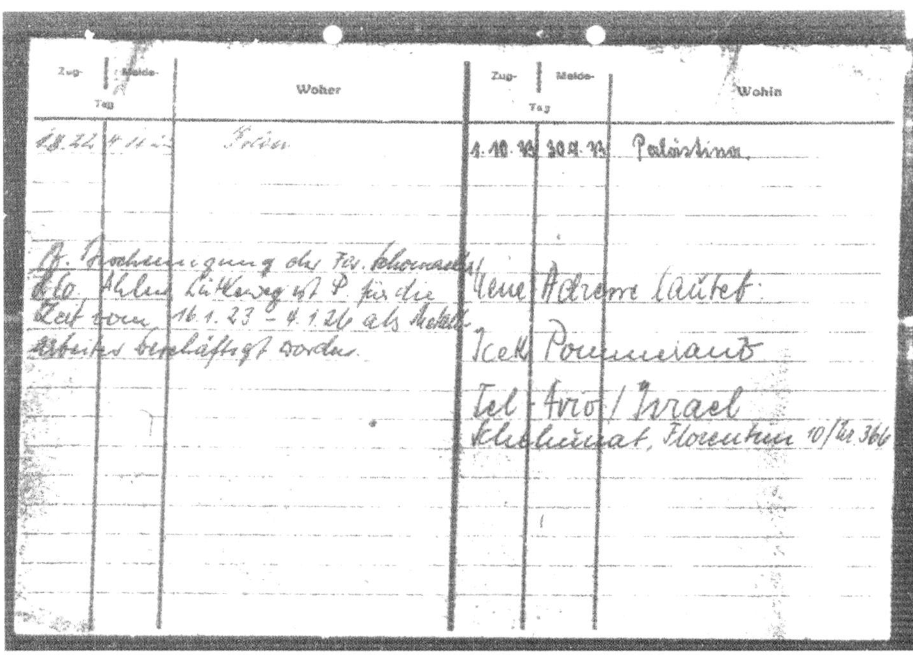

Abb. 3 und Abb. 4: Meldekarte der Familie Pomeranc; Schwärzung der Kinderdaten wegen noch nicht abgelaufener Schutzfristen

2.2 Exkurs: Arme Juden in Ahlen

Der folgende überarbeitete und aktualisierte Text erschien in „100 Jahre Städtisches Gymnasium Ahlen“, Festschrift zum 100-jährigen Bestehen des Städtischen Gymnasiums Ahlen 1911 - 2011, S. 180–185; Herausgeber: Städtisches Gymnasium Ahlen, Ahlen o.J.

Arme Juden in Ahlen

von Manfred Kehr

Stolpersteine - eine erste Bilanz

Die Stolpersteine waren zunächst eine Kunstaktion des Kölner Künstlers Gunter Demnig, der Pflastersteine mit beschrifteten Messingabdeckungen als symbolische Grabsteine vor der letzten Wohnstätte von Ermordeten der verschiedenen Opfergruppen – Sozialisten, Kommunisten, Kriegsgegner, Roma und Sinti, Homosexuelle, Zeugen Jehovas und Juden – verlegte.

Die hohe Zahl erforschter jüdischer Schicksale für Ahlen hinterlässt zwiespältige Gefühle. Zum einen erfüllt die Tatsache, dass durch die Steinverlegung die Erinnerung an ehemalige Mitbürger/-innen wachgehalten wird, mit Stolz. Dass Ahlen über derart viele Daten verfügt, ist nicht zuletzt dem reichhaltigen Gedenkbuch des Bundesarchivs zu verdanken, das im Abgleich mit den Meldedaten des Kreisarchivs zu vielen Erfolgen führte, aber auch der akribischen Arbeit von Hans Werner Gummersbach, der der Erforschung der jüdischen Geschichte dieser Stadt einen Großteil seines bisherigen Lebens gewidmet hat.

Die tatsächlichen jüdischen Opfer in Ahlen mit all ihren individuellen Schicksalen spiegeln sich in den Stolpersteinen nur unzureichend wider. Auch wenn sich inzwischen eine ganze Reihe Überlebender – Emigrierte, Geflüchtete, Versteckte – gefunden haben, ist die hohe Zahl der Getöteten angesichts einer mittelgroßen jüdischen Gemeinde mit 160 Mitgliedern zu Beginn der Nazidiktatur (s. Gummersbach 1988, S. 73) erschreckend.

Des Weiteren fällt auf, dass ein überwiegender Teil der Opfer arme Jüd/-innen waren, Vertreter eines ländlichen und Industrieproletariats, das, die Einsicht in die Notwendigkeit von Flucht und Exil vorausgesetzt, kaum die finanziellen Möglichkeiten hatte, sich nach der Machtergreifung der Nazis aus Deutschland abzusetzen. Um diesem Phänomen auf den Grund zu gehen, erscheint es zunächst angeraten, mit dem Vorurteil des jüdischen ‚Wucherers‘, ‚Geldsacks‘, ‚Kapitalisten‘ etc. aufzuräumen. Hier bietet der westfälische Raum mit seinen bäuerlichen Streusiedlungen und industriellen Kleinstädten ein durchaus geeignetes Terrain, sich die dafür nötigen Fakten vor Augen zu führen.

Die soziale Lage der Juden in Westfalen …

Der Autor Jürgen Kehrer macht auf das Phänomen der Bandenkriminalität im gesamten Mitteleuropa des 18. Jahrhunderts aufmerksam. Eine der notorisch bekanntesten Räuberbanden war die des Abraham Picard. Ihr Wirkungskreis erstreckte sich zunächst von Holland bis nach Mainz, später dann, um der Verfolgung durch die französischen Behörden im Rheinland zu entgehen, „wichen die Räuber ins Bergische Land und ins Münsterland aus" (Kehrer, S. 62).

Picard, der sich auch Ezechiel Juda nannte, war nicht zufällig Jude. Juden gehörten, „neben Zigeunern und Vaganten, zur sozialen Basis der Räuberbanden" (Kehrer, S. 63), es gab demnach bis zum Beginn des 19. Jahrhunderts so etwas wie eine jüdisch geprägte Kriminalität. Gründe dafür liegen in der Jahrhunderte währenden Isolation, Segregation und Marginalisierung der jüdischen Bevölkerung. Ihnen wurden Bürgerrechte verwehrt, Handwerksberufe waren ihnen verschlossen, „in vielen deutschen Städten gab es Judenordnungen, die Juden nicht nur den Erwerb von Immobilien, sondern auch das dauernde Aufenthaltsrecht verboten" (Kehrer, S. 63). Das Münsterland machte hier keine Ausnahme.

Bereits im Mittelalter wurde Juden der Zugang zu zunftgebundenen Handwerken und Grundbesitz verwehrt. Sie drängten infolgedessen in die wenigen ökonomischen Nischen, die ihnen noch offenstanden, zunächst in den Handel, insbesondere Vieh und Trödel, dann zunehmend in den verachteten Geldverleih, der Christen aus religiösen Gründen – Wucherverbot! – unzugänglich war. Dass die Juden hier in die christliche Konkurrenz der Fugger, Welser und anderer gerieten und auch in anderen Branchen durchaus erfolgreich agierten, änderte nichts daran, dass sie ihren Ruf als Wucherer und damit als Sündenböcke für die verschiedenen Krisen der christlichen Mehrheitsgesellschaft über Jahrhunderte nicht mehr loswurden (s. Gummersbach 1988, S. 30).

… und in Ahlen

Der Historiker Ludger Grevelhörster zählte in der Ahlener jüdischen Gemeinde von 1932 „eine größere Zahl" von Geschäftsleuten, für viele lasse sich „eine Zuordnung zum Mittelstand treffen". Gleichzeitig seien aber „krasse Gegensätze hinsichtlich der sozialen und beruflichen Gliederung innerhalb der jüdischen Gemeinde" festzustellen. Sein Fazit: „Von einem außergewöhnlichen Reichtum der Juden und einer besonders privilegierten gesellschaftlichen Position in Ahlen auszugehen – wie die Nationalsozialisten aus durchsichtigen Gründen Glauben machen wollten – entspräche also nicht den damaligen Realitäten" (Grevelhörster, S. 112).

Auch Gummersbach stellt trotz einer ungünstigen Quellenlage die Hypothese auf, die „keineswegs das stereotype Vorurteil des reichen, kapitalisti-

schen Juden bestätigen wird" (Gummersbach 1988, S. 57). Seine Analyse der Berufsangaben in der unvollständigen ehemaligen Ahlener Judenkartei für die Jahre 1920 bis 1939 stützt diese These. Von 137 Hinweisen trugen lediglich zwei die Bezeichnung Fabrikant, 34 die Berufsangabe Kaufleute, diese allerdings undifferenziert. Von allen anderen lässt sich vermuten, dass sie zumindest nicht der wirtschaftlichen und sozialen Elite der Stadt angehörten: Verkäuferin, Hausmädchen, Arbeiter, Handwerker, fahrende Händler, Buchhalter usw. (s. Gummersbach 1988, S. 64 f.).

Emanzipation der Juden im 19. Jahrhundert

Die formalrechtliche Emanzipation der Juden ging in bemerkenswerter Weise einher mit einer Zeit, die im Wesentlichen als aufoktroyierte Fremdherrschaft wahrgenommen wurde: das Königreich Westphalen (1807 – 1813) unter König Jérôme Bonaparte, einem Bruder Napoléons. Ausgestattet mit dem liberalen und aufklärerischen Gedankengut der französischen Revolution sollte infolge Napoleonischen Expansionsstrebens ein Modellstaat errichtet werden, der französisches Einflussgebiet gegen Preußen und Österreich abzusichern half. Gleichzeitig wurde innenpolitisch eine staatliche Ordnung geschaffen, die „den Beweis für die Überlegenheit der fortschrittlichen französischen Gesellschaftsordnung zu erbringen" (Digitales Archiv Marburg, Kap. 11) versprach.

Auch wenn diesem staatlichen Konstrukt jegliche Legitimation fehlte, erhielt Westphalen „als erster Staat auf deutschem Boden eine geschriebene Verfassung, die tradierte Adelsprivilegien und die Feudalherrschaft abschaffte und die Gleichheit aller Staatsbürger vor dem Gesetz sowie die freie Ausübung der Religion einführte" (ebenda). Die Kasseler Regierung des Königreichs bemühte sich – wiederum nach französischem Vorbild – um die Gleichstellung der etwa 19.000 Juden eines Staatsgebietes, das die Territorien des Kurfürstentums Hessen, des Herzogtums Braunschweig-Wolfenbüttel, der ehemals preußischen Gebiete westlich der Elbe, den südlichen Teil Hannovers sowie die Bistümer Hildesheim, Paderborn und Osnabrück umfasste (s. ebenda). Auch wenn das heutige Westfalen mit seinen Kernregionen Münsterland und Hellweg von diesen Maßnahmen größtenteils nicht direkt betroffen war, setzte sich – französisch inspiriert – die Gleichstellung der Juden im Mitteleuropa des 19. Jahrhunderts mehr und mehr durch, obwohl antijüdische Ressentiments weithin verbreitet blieben.

Das für Ahlen relevante Dekret datiert vom 27. Januar 1808, Ende Juni erhielten die Städte und Kommunen des Großherzogtums Berg ein Rundschreiben der französischen Präfektur, das diese aufforderte, restriktive Maßnahmen wie Judenzölle oder andere Abgaben „erforderlichenfalls zu korrigieren" (Gummersbach 1988, S. 39). Die Stadt Ahlen stellte in einem Antwortschreiben unverzüglich fest, „dass die ortsansässigen Juden in Bezug auf Steuern oder sonstige Abgaben an die Stadt den übrigen Bürgern völlig gleichgestellt seien" (ebenda, S. 39). Damit befand sich Ahlen im Wesentlichen „im Einklang mit der französischen Emanzipationsgesetzgebung" (ebenda, S. 39). Allerdings wurde durch eine Sonderverfügung, die besagte, dass Juden bei ihrer Verheiratung an die Stadtoberen einen silbernen Löffel im Wert von zwei Talern und zwölf Groschen abzuliefern hatten, eine deutliche rechtliche Trennung zwischen Juden und christlicher Mehrheitsgesellschaft aufrechterhalten (s. ebenda, S. 39 f.). Doch bereits nach dem Wiener Kongress 1815 kassierte man einen Großteil der judenfreundlichen Reformen und kehrte – auch in Ahlen – zu einer „rückschrittlichen Verwaltungspraxis" (ebenda, S. 41) zurück.

Jüdische Industriearbeiter im Bergbau

Gleichwohl lässt sich für Ahlen bis in die Zeit der Weimarer Republik von einem harmonischen christlich-jüdischen Miteinander sprechen. Das gilt sicher nicht allein für die soziale Oberschicht, denn ohne Zweifel gab es unter den 150.000 osteuropäisch-jüdischen Arbeitern, die als Fremdarbeiter während des Ersten Weltkriegs zumeist aus den ehemals preußischen Regionen Polens ins Ruhrgebiet kamen und von denen 4.000 als Bergleute unter Tage arbeiteten, auch einige, die es in das boomende Ahlen verschlug: Dort wurde im März 1913 auf der Zeche Westfalen die Kohleförderung aufgenommen. Lassen sich darüber auch heute keine Zahlen mehr erheben, so sei beispielhaft an Benjamin Moszkowicz, den Vater von Imo Moszkowicz, erinnert, wenn auch in seinem Fall über den Umweg der Kriegsgefangenschaft. Die jüdischen Fremdarbeiter fanden im Ruhrgebiet und in Ahlen ein katholisches Milieu vor, in dem sie sich rasch heimisch fühlen konnten. Ein Großteil wanderte später in die USA aus, etwa 60% blieben jedoch hier (s. die umfassende Darstellung von Ludger Heid).

Die jüdischen Arbeiter brachten ihre eigene Vereins- und Parteienkultur mit, über die für Ahlen nichts bekannt ist. Als Beleg für die gute Integration der Juden in das kleinstädtische Leben müssen daher die eher bürgerlich geprägten Vereine gelten. Juden waren selbstverständliche Mitglieder im Ahlener Bürgerschützenverein oder in der Feuerwehr und nahmen Ehrenaufgaben in verantwortlichen Positionen wahr. Dass sie auch gute Patrioten waren, davon zeugte eine Gedenktafel in der Synagoge, die neun Opfer des Ersten Weltkriegs aus der jüdischen Gemeinde aufführte (s. Gummersbach 1988, S. 66–75).

Trotz einer inzwischen differenzierten Faktenlage – an einigen Stellen ist auch durchaus von „bescheidenem Wohlstand" die Rede – bestätigt sich insgesamt das Bild, dass es in Ahlen sehr viel Armut in der jüdischen Bevölkerung gab. Ob sich die Stadt damit aus der Reihe der westfälischen Kleinstädte heraushob, ist nach heutigen Erkenntnissen zweifelhaft. Vielmehr scheint das von der nationalsozialistischen Ideologie gepflegte Bild des erfolgreichen Kaufmanns als

„israelitischen Halsabschneider und Wucherer" bis in die heutige Zeit nachzuwirken. Dabei sprechen die soziologischen Fakten in Ahlen wie in anderen deutschen Städten, aber auch in Ländern wie den USA eine deutlich andere Sprache.

Kaum jüdische Schüler/-innen am Ahlener Realgymnasium

Über den Niederschlag, den die Lage der Juden auf die Schülerschaft des Ahlener Realgymnasiums mit seinem eher akademischen Umfeld fand, hat Reinhard Künnemann in seinem Beitrag zur Jubiläumsfestschrift zum 75jährigen Bestehen des Städtischen Gymnasiums ausreichend hingewiesen. Er führt die Tatsache, dass in den ersten 20 Jahren des Realgymnasiums bis zur Naziherrschaft nur wenige jüdische Abiturienten nachgewiesen sind, davon einige nicht einmal aus dieser Stadt, auf die soziale Zusammensetzung der Juden in Ahlen zurück (s. Künnemann, S. 62). Laut einer Untersuchung der AG Spurensuche des Städtischen Gymnasiums waren 1933 neben Hans Sänger nur Otto Dreyer und Werner Frank jüdische Schüler des Realgymnasiums. Schon ein Jahr später galt die Schule als „judenfrei".

Alle drei waren Söhne begüterter Ahlener Familien. Der Erwerb höherer Schulbildung war seinerzeit eng verknüpft mit dem sozialen Stand der Eltern. Das galt allerdings nicht allein für Juden, Unterprivilegierung war bis zur Weimarer Republik eher ein soziales als ein „Rassen"phänomen, eine Analyse der katholischen Schülerschaft hätte kaum ein anderes Bild ergeben. Hans Sänger daher als „Kronzeugen" (ebenda, S. 62) für die Segregation von Juden in Ahlen heranzuziehen, klingt zwar populär, ist aber angesichts der über weite Strecken durchaus erfolgreichen über 100jährigen Bemühungen um die Integration der jüdischen Bevölkerung in Deutschland kaum zu halten.

Von der traditionell linken Ahlener Arbeiterbewegung, die am ehesten den Anspruch formulierte, dem Faschismus die Stirn zu bieten, hatte die jüdische Arbeiterschaft kaum Unterstützung zu erwarten. Die KPD schaffte es nicht einmal, Widerstand gegen das drohende eigene, geschweige denn jüdische Schicksal zu entwickeln (s. Rennspieß 1993, S. 261), die Sozialdemokraten „hielten aktiven Widerstand für aussichtslos und damit für unverantwortlich" (ebenda, S. 273). Diese Haltung führte bei vielen zu Resignation und innerer Emigration, jedoch kaum, von Ausnahmen abgesehen, zu einer aktiven Hilfestellung für den jüdischen Kollegen.

So muss man heute trotz einer guten historischen Aufarbeitung, der vorbildlichen Erinnerungskultur und den herzlichen Empfängen von Ahlener Holocaust-Überlebenden 1985 feststellen, dass Ahlen weiterhin „judenfrei" ist. Angesichts der Bereicherung, die das urbane gesellschaftliche Leben zu allen Zeiten gerade durch Juden erfahren hat, ist das zutiefst zu bedauern.

Deutsche Städte sind ohne Juden ärmer.

2.3 Die „Polen-Aktion“ 1938

Am 28. und 29. Oktober 1938 schob das Auswärtige Amt auf Anweisung Heinrich Himmlers etwa 18.000 im Deutschen Reich lebende polnische Jüd/-innen („Ostjuden“) gewaltsam ab. Im Zuge dieser sogenannten „Polenaktion“ wurden die Menschen zunächst verhaftet und dann an die pommersche und schlesische Grenze deportiert. Diese Maßnahme gilt heute als Auftakt zur Vernichtung der europäischen Juden.

Auch für die polnischen Behörden kam diese Maßnahme völlig überraschend. Viele, die noch Familienangehörige in Polen hatten, konnten ungehindert weiterreisen, alle anderen wurden zunächst in Gefängnissen und Lagern interniert, im Sammellager Zbąszyń/Bentschen wurde ein Großteil von ihnen erfasst. Dort hielten sich im Winter bis zu 8.000 Personen unter schlimmen hygienischen Bedingungen auf.

Allein in Gelsenkirchen sind 60 Personen bekannt, die nach Bentschen abgeschoben wurden. Zwei, möglicherweise drei Ahlener Familien waren betroffen.

Auf dem Handkamp 4 (früher Warendorfer Straße 139 b)

HIER WOHNTE
LEON WOLF OBARZANSKI
JG. 1890
POLENAKTION 1938
ZBĄSZYŃ/BENTSCHEN
VERSCHOLLEN

HIER WOHNTE
CHANA OBARZANSKA
GEB. KLAUSNER
JG. 1887
DEPORTIERT 1942
AUSCHWITZ
ERMORDET

Die Familie stammte aus Kosice, Bezirk Opole im heutigen Südpolen und war von 1925 bis zum 28.10.1938 in Ahlen gemeldet. Sie wohnte in einer Drei-Zimmer-Wohnung in der ersten Etage. Leon Wolf führte von 1926 bis 1929 in Ahlen ein Herrenkonfektionsgeschäft, danach übernahm es seine Frau, am 15.9.1931 wurde das Geschäft abgemeldet. Nach der Deportation der Eltern kam eine Tochter - vermutlich Lilly - nach Ahlen zurück, um den Hausrat zu verkaufen. Sie rechnete wohl nicht mit einer Rückkehr ...
Über die Kinder Lilly, Fanny und Sonja s. Kap. 2.11.2.

Hansastraße 19

HIER WOHNTE
ARNOLD HAHN
JG. 1893
POLENAKTION 1938
ZBĄSZYŃ/BENTSCHEN
VERSCHOLLEN

Arnold Hahn, *14.5.1893 in Brod, ehemals Österreich, heute Bosnien und Herzegowina, Republik Srpska, wurde in Ahlen als Tscheche geführt. Er ist der Ehemann von Franziska Hahn und Vater von Raymond Albert und Edith Josephine (s. Kap. 2.4.1). Er hat in Ahlen gelebt und zog im Oktober 1939 von Wanne-Eickel nach Dortmund. Wahrscheinlich wurde er von dort aus ins Lager Zbąszyń/Bentschen gebracht.

Möglicherweise wurden neben den genannten Personen auch vier Mitglieder der Familie Rybak abgeschoben (s. Kap. 2.4.1).

2.4 Deportation Ahlener Juden in die Ghettos

2.4.1 Łódź/Litzmannstadt

Die erste Deportationswelle reichsdeutscher Juden hatte das polnische Łódź, das im April 1940 nach dem früheren NSDAP-Reichstagsabgeordneten Karl Litzmann in Litzmannstadt umbenannt wurde, zum Ziel. Zwischen dem 15. Oktober und 3. November 1941 wurden etwa 20.000 jüdische Menschen, darunter viele aus Ahlen, in das dortige Ghetto verschleppt. Łódź/Litzmannstadt war nach Warschau das größte und das am längsten existierende (bis 1944) von den Nationalsozialisten eingerichtete Ghetto.

Hansastraße 19

HIER WOHNTE
FRANZISKA ‚FANNY' HAHN
GEB. STAUBER
JG. 1897
DEPORTIERT 27.10.1941
GHETTO ŁÓDŹ/LITZMANNSTADT
CHEŁMNO/KULMHOF
ERMORDET SEPT. 1942

HIER WOHNTE
EDITH JOSEPHINE HAHN
JG. 1925
DEPORTIERT 27.10.1941
GHETTO ŁÓDŹ/LITZMANNSTADT
CHEŁMNO/KULMHOF
ERMORDET SEPT. 1942

HIER WOHNTE
RAYMOND ALBERT HAHN
JG. 1922
DEPORTIERT 27.10.1941
GETTO ŁÓDŹ/LITZMANNSTADT
CHEŁMNO/KULMHOF
ERMORDET SEPT. 1942

Mutter Franziska, geb. Stauber am 21.4.1897, Sohn Raymond Albert, *14.2.1922, beide in Budapest, sowie Tochter Edith Josephine, *2.11.1925 in Výškovice (Böhmen), waren an verschiedenen Ahlener Adressen gemeldet, Raymond Albert zudem zeitweise in Essen und Neuß. Alle drei wurden am 12.10.1939 von Dortmund zunächst ins Ghetto Łódź/Litzmannstadt deportiert, ehe sie in Kulmhof ermordet wurden. Zum Vater Arnold s. Kap. 2.3.

Medi Hahn war eine der vier letzten Schüler/-innen der jüdischen Schule (s. Gummersbach 2013, S. 208). Über ihr Leben sowie ihre verwandtschaftlichen Beziehungen liegen keinerlei Informationen vor, allerdings erscheint ihr Name auf einer Nachkriegsliste der ermordeten Ahlener Juden.

Westenmauer 10

HIER WOHNTE
ELSE LANGSTADT
JG. 1880
DEPORTIERT 27.10.1941
GHETTO ŁÓDŹ/LITZMANNSTADT
CHEŁMNO/KULMHOF
ERMORDET 7.5.1942

Else Langstadt wurde am 26.8.1880 in Altena geboren.

HIER WOHNTE
LAURA SPIEGEL
GEB. SPIEGEL
JG. 1881
DEPORTIERT 27.10.1941
GHETTO ŁÓDŹ/LITZMANNSTADT
AUSCHWITZ
ERMORDET AUGUST 1944

Laura Spiegel, *15.1.1881 in Ahlen, war die Ehefrau des Händlers Adolf Spiegel (*17.9.1884 in Versmold). Die Familie mit den beiden Söhnen Kurt (*5.1.1915) und Leo (*14.11.1912, beide in Ahlen) zog im Dezember 1938 vom Südberg 40, wo sie übergangsweise wohnte, zur Westenmauer. Eine - offensichtlich nachträgliche - handschriftliche Notiz auf der Meldekarte vermerkt allerdings den Tod des Vaters am 31.12.1937. Die Todesumstände sind nicht bekannt. Die Deportation der Mutter und der Söhne begann am 3./4.10.1939 in Dortmund.

HIER WOHNTE
KURT SPIEGEL
JG. 1915
DEPORTIERT 27.10.1941
GHETTO ŁÓDŹ/LITZMANNSTADT
ERMORDET 19.9.1942

HIER WOHNTE
LEO SPIEGEL
JG. 1912
DEPORTIERT 27.10.1941
GHETTO ŁÓDŹ/LITZMANNSTADT
CHEŁMNO/KULMHOF
ERMORDET 13.7.1944

Leo war der Ehemann von Inge Johanna Spiegel, geb. Rothschild, der jüngeren Schwester Marga Spiegels (s.u.), der in Ahlen jedoch mit einer anderen Wohnadresse belegt ist. Ob das Ehepaar jemals eine gemeinsame Wohnung hatte, ist nicht bekannt (s. Kap 2.13).

Die Häuserzeile an der Westenmauer mit dem jüdischen Wohnhaus existiert heute nicht mehr. Sie verlief etwa zwischen Rathausparkplatz und heutiger Fahrbahn.

Abb. 5: Das Wegekreuz links steht heute etwa an der gleichen Stelle.

Abb. 6: Bei nicht mehr existierenden Wohngebäuden wurde der vorsintflutliche Abstandsmesser zum unentbehrlichen Hilfsmittel.

Ostbredenstr. 41

HIER WOHNTE
INGE JOHANNA SPIEGEL
GEB. ROTHSCHILD
JG. 1921
DEPORTIERT 27.10.1941
GHETTO ŁÓDŹ/LITZMANNSTADT
1944 CHEŁMNO/KULMHOF
ERMORDET 13.7.1944

August-Kirchner-Straße 35

HIER WOHNTE
JACOB MOSZKOWICZ
JG. 1921
DEPORTIERT 27.10.1941
GHETTO ŁÓDŹ/LITZMANNSTADT
ERMORDET

Zu Jakob (Schreibweise des Vornamens uneinheitlich) Moszkowicz äußerten sich Imo Moszkowicz' Tochter Daniela Ebenbauer sowie Irene Gromes, die in Ahlen lebende Tochter des Halbbruders von Jacob, etwa identisch. Irene Gromes (Mail am 18.5.2020; Gespräch am 22.11.2020): „Jakob Moszkowicz kam als uneheliches Kind am 24.3.1921 in Ahlen zur Welt. Mutter ist **Jenta Necas**, geb. Moszkowicz. Sie wurde in Skierniewice/Polen *(wie Imos Vater Benjamin; d.A.)* geboren. Sie wie ihr späterer Ehemann **Josef Necas** kamen über die frühere Tschechoslowakei 1919 nach Ahlen. … Leider kann ich … zu den Verwandtschaftsverhältnissen zu Imo Moszkowicz nichts mitteilen. Ich gehe aber davon aus, dass es sich um eine Verwandtschaft handelte, da Imo Moszkowicz Kontakt zu meiner Großmutter, also Jenta Moszkowicz hatte und er sie ‚Tante Jette' nannte" (s.a. Kap 2.12.2). Daniela Ebenbauer ergänzte, dass Jakob zeitweise in der Klosterstraße mitgewohnt habe (Korrespondenz mit Daniela Ebenbauer im Juni 2020).

Oststraße 52

HIER WOHNTE
JOHANNA WEINBERG
GEB. ROSENBERG
JG. 1894
DEPORTIERT 30.10.1941
ŁÓDŹ/LITZMANNSTADT
MAI 1942 CHEŁMNO/KULMHOF
FÜR TOT ERKLÄRT

Über weitere Mitglieder der Ahlener Familien Rosenberg und Weinberg s. Kap. 2.4.2, 2.4.4 und 2.11.1.

Die Erhebung der Daten für die Familie von Jeti Rybak erwies sich als außerordentlich kompliziert, zumal sich auch offizielle Quellen widersprechen: Im Gedenkbuch ist von Deportationen nach Litzmannstadt 1942 die Rede, die letzten Transporte in das Ghetto fanden jedoch bereits Ende 1941 statt. Laut ITS waren alle drei Personen dort registriert.

Ferner waren Transporte aus dem Ghetto Litzmannstadt in das Todeslager Kulmhof die Regel, Auschwitz die Ausnahme. Und um die Verwirrung komplett zu machen, wurden Rybaks laut einer anderen Quelle im Zuge der Polen-Aktion (s. Kap. 2.3) abgeschoben. Deshalb habe ich mich gemeinsam mit dem Stolpersteinbüro dafür entschieden, die Inschriften für die Kinder offen zu halten und nähere Erläuterungen in dem Buch zu geben. Das sei hiermit geschehen.

Schützenstraße 121 A

HIER WOHNTE
JETI RYBAK
GEB. HILZENRAD
JG. 1891
DEPORTIERT 1941
ŁÓDŹ/LITZMANNSTADT
ERMORDET 13.6.1942

Jeti Rybak, geb. Hilzenrad, wurde am 20.9.1891 in Kolomea/Galizien, heute West-Ukraine, im Bezirk Iwano-Frankiwsk, geboren.

Jeti Rybak war verheiratet mit Josef Rybak (s.u.).

HIER WOHNTE
LEO RYBAK
JG. 1931
DEPORTIERT 1941
ŁÓDŹ/LITZMANNSTADT
SCHICKSAL UNBEKANNT

HIER WOHNTE
BERTA RYBAK
JG. 1928
DEPORTIERT 1941
ŁÓDŹ/LITZMANNSTADT
SCHICKSAL UNBEKANNT

Laut Entschädigungsakte im Kreisarchiv wurden Cymen/Ceimach, gen. Josef, Jetti, Bertha (*15.3.1928 in Ahlen) und Leo Rybak (*6.3.1930 in Ahlen) 1938 nach Polen abgemeldet. Das deutet darauf hin, dass auch sie Opfer der „Polen-Aktion" wurden (s. Kap. 2.3). Inzwischen gilt als wahrscheinlich, dass die Geschwister im Oktober 1942 nach Auschwitz kamen und dort ins Gas geschickt wurden.

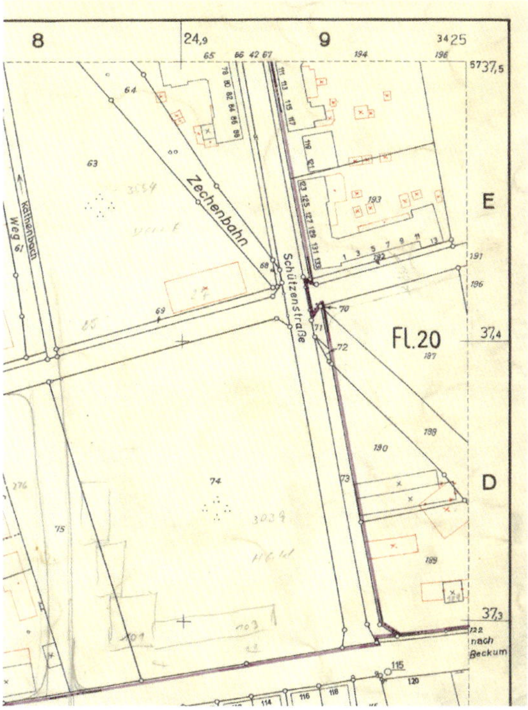

Abb. 7: Die Hausnummer 121 A ist weder in der Urkarte von 1910 noch in der Flurkarte von 1961 verzeichnet.

Am Stockpiper 101

HIER WOHNTE
JOSEF RYBAK
JG. 1892
DEPORTIERT 1941
ŁÓDŹ/LITZMANNSTADT
AUSCHWITZ
BEFREIT

(Inschriftenentwurf, Stolperstein noch nicht verlegt)

HIER WOHNTE
JULIA RYBAK
GEB. WEIHÖNIG
JG. 1901
DEPORTIERT 1941
ŁÓDŹ/LITZMANNSTADT
AUSCHWITZ
BEFREIT

(Inschriftenentwurf, Stolperstein noch nicht verlegt)

Südstraße 14

HIER WOHNTE
HERMANN RYBAK
JG. 1925
DEPORTIERT 1941
ŁÓDŹ/LITZMANNSTADT
AUSCHWITZ
BEFREIT

(Inschriftenentwurf, Stolperstein noch nicht verlegt)

HIER WOHNTE
FRIEDA RYBAK
JG. 1924
DEPORTIERT 1941
ŁÓDŹ/LITZMANNSTADT
AUSCHWITZ
BEFREIT

(Inschriftenentwurf, Stolperstein noch nicht verlegt)

Der Textilkaufmann Josef Rybak, *21.4.1892 im polnischen Wolbosz, und seine zweite Ehefrau Julia, *Weihönig am 5.1.1901 in Düsseldorf (verw. Machauf, Witwe eines ebenfalls ermordeten Juden), heirateten 1946. Sohn Hermann (in einer anderen Akte Heinrich), *21.3.1925, sowie dessen Ehefrau Frieda, *15.5.1924, wurden nach der Deportation schließlich in Auschwitz befreit, kehrten nach Ahlen zurück und lebten zunächst in der Südstraße 14, später in der Rottmannstraße 80. Julia war seit dem 13.4.1946 „aus Krakau kommend" in Ahlen gemeldet.

Hermann und Frieda bekamen einen Sohn, Leo, *18.7.1947. Die Familie ist 1960 nach Israel ausgewandert.

Ein Josef Rybak war 1962 im Vorstand der jüdischen Kultusgemeinde in Münster. Ob beide Personen identisch sind, ist unsicher.

Meine erste Begegnung mit der polnischen Stadt Łódź hatte ich durch Vicky Leandros' „Theo, wir fahrn nach Lodz", ihrem Schlager aus dem Jahre 1974. Der Text bezieht sich offenbar ironisch auf die schmucklose Industriestadt, zu dem es allerdings eine jiddische Vorfassung gegeben haben soll. Vicky gab in einem Interview zu, mit der Stadt nichts weiter zu verbinden …

Gerichtsstr. 31

HIER WOHNTE
LEO WINDMÜLLER
JG. 1897
DEPORTIERT 1941
GHETTO ŁÓDŹ/LITZMANNSTADT
ERMORDET 14.1.1943

(Inschriftenentwurf, Stolperstein noch nicht verlegt)

Leo Leonhard Windmüller, *4.6.1897 in Essen, war Eigentümer einer Getreidegroßhandlung in Ahlen. Er wohnte zeitweise in Hamm und in Köln. Der Getreidehandel wurde am 28.11.1938 an die Ahlener Firma Schenking & Bese verkauft. Auf diesen Sachverhalt bezieht sich möglicherweise der Entschädigungsantrag von **Ellen Lane**, geb. Bruckmann, für Leo Windmüller (ihr Onkel?).

Im Gedenkbuch findet sich zudem **Johanna Bruckmann**, geb. Windmüller am 26.9.1894 in Borken. Auch sie wohnte zeitweise in Köln, ehe sie von dort aus 1941 ins Ghetto Litzmannstadt deportiert wurde. Sie starb im Mai 1942 im Vernichtungslager Kulmhof. Es finden sich bisher keine Hinweise auf die Verwandtschaft der drei Personen. Ob Johanna Leos Schwester und Mutter von Ellen war, ist naheliegende Spekulation.

2.4.2 Minsk

Nachdem die Aufnahmekapazitäten in Litzmannstadt rasch erschöpft waren, suchten die Nazi-Behörden neue Ziele jenseits des Generalgouvernements für die besetzten polnischen Gebiete. Am 10. Oktober 1941 verkündete Reinhard Heydrich, Leiter des Reichssicherheitshauptamtes, dass kommende Transporte mit 50.000 Juden ins Reichskommissariat Ostland gehen sollten, je 25.000 nach Minsk und Riga. Der erste Transport erreichte Minsk am 8. November, für drei Ahlener Jüdinnen ist dieses Deportationsziel bekannt.

Südstraße 14 (heute Tankstelle)

HIER WOHNTE
ROSA PASSMANN
JG. 1918
DEPORTIERT 1941
MINSK
FÜR TOT ERKLÄRT

Rosa Passmann, *16.8.1918 in Werne, lebte offenbar zeitweilig in Essen und Gelsenkirchen.

Oststraße 31

HIER WOHNTE
RAMONA ‚ROSEMARIE' WEINBERG
GEB. WERNER
JG. 1892
DEPORTIERT 1941
MINSK
ERMORDET

Das Ehepaar Weinberg betrieb ein Geschäft in der Ahlener Ostraße. Hermann Weinberg war Ende 1938 vier Wochen im Konzentrationslager Dachau inhaftiert (s. Kap. 2.9) und starb am 31.1.1941 in Düsseldorf (s. Möllenhoff/Schlautmann-Overmeyer, S. 490).

Abb. 8: Hier war vermutlich das Weinberg-Geschäft, von dem lediglich die Existenz für das Jahr 1934 belegt ist. Das Foto wurde wohl Ende der 30er Jahre aufgenommen.

Nordstraße 5

HIER WOHNTE
GERDA HAHN
JG. 1890
DEPORTIERT 10.11.1941
MINSK
ERMORDET

Gerda Hahn, *13.8.1890 in Županja (Kroatien), wurde von der Ahlener Meldebehörde als „Geschäftsführerin mit tschechischer Staatsangehörigkeit" geführt. Wie ihre mutmaßliche Mutter Berta Hahn (s. Kap. 2.4.4) lebte sie in Köln, bevor sie 1929 nach Ahlen kam, ab 1932 war sie offenbar in Hamburg und Düsseldorf gemeldet. Gerda Hahn wurde am 10.11.1041 ins Minsker Ghetto gebracht, ihr weiteres Schicksal ist unklar.

2.4.3 Riga

2.4.3.1 „Auschwitz der westfälischen Juden"

Im Rigaer Ghetto lebten im November 1941 noch ca. 30.000 lettische Juden. Diese Menschen wurden – um Platz zu schaffen für die reichsdeutschen

Abb. 9: Bahnhof Skirotava

Transporte - binnen kürzester Zeit ohne eine bekannte Ausnahme umgebracht. Am 30.11.1941 kam der erste Deportationszug aus Berlin am Rigaer Rangierbahnhof Skirotava an, offenbar etwas zu früh, denn das Ghetto war noch nicht „frei". Die 1.000 Insassen wurden kurzerhand im Vorort Rumbula erschossen, so auch vier Mitglieder Familie Spiegel von der Südstraße 28.

Südstr. 28

HIER WOHNTE
JOHANNA SPIEGEL
GEB. DANNENBAUM
JG. 1866
DEPORTIERT 27.11.1941
RIGA
ERMORDET 30.11.1941

HIER WOHNTE
MARTHA SPIEGEL
JG. 1895
DEPORTIERT 27.11.1941
RIGA
ERMORDET 30.11.1941

HIER WOHNTE
NORBERT SPIEGEL
JG. 1893
DEPORTIERT 27.11.1941
RIGA
ERMORDET 30.11.1941

HIER WOHNTE
SARA SPIEGEL
JG. 1897
DEPORTIERT 27.11.1941
RIGA
ERMORDET 30.11.1941

HIER WOHNTE
MORITZ METZGER
JG. 1883
DEPORTIERT 13.12.1941
RIGA
ERMORDET 26.4.1944

Johanna Dannenbaum (*20.12.1866 in Essentho, Kreis Büren), war die Ehefrau des Viehhändlers Hertz Spiegel (*26.2.1858 in Enniger). Tochter Emma wurde nur ein Jahr, sie lebte vom 30.5.1898 bis zum 16.5.1899, Sara wurde am 25.2.1897 in Ahlen geboren.

Johanna hat nach dem Tod ihres Ehemanns Hertz (8.4.1925) den Vieh- und Frischfleischhandel mit Unterstützung des Sohnes Norbert (*12.5.1893) bis 1938 weitergeführt. Sie meldete sich bereits zwei Jahre vor der Deportation nach Riga – offenbar mit den Kindern Norbert und Marta (*28.11.1895) – mit Ziel Berlin-Charlottenburg ab. Über Johanna Spiegels Tochter und Moritz Metzgers Ehefrau Selma siehe Kap. 2.11.1; zur Besonderheit der Ahlener Spiegel-Familien s. Kap. 2.13.

Rottmannstr. 28

HIER WOHNTE
HEDWIG LANGSTADT
JG. 1886
DEPORTIERT 27.11.1941
RIGA
ERMORDET 30.11.1941

Hedwig Langstadt wurde am 11.11.1886 in Altena geboren und war vermutlich die Schwester oder Cousine von Else Langstadt (s. Kap. 2.4.1). Hedwig wurde in Riga-Rumbula erschossen.

Bis zum 6. Februar 1942 folgten 15 weitere Bahntransporte aus westdeutschen Städten, aber auch aus Leipzig, Wien und Theresienstadt. Im August wurden die Deportationen, nun mit dem Ziel Riga-Bikernieki (s. Kap. 2.4.3.2), wieder aufgenommen. Hier zählte das Ahlener Lehrerehepaar Tint zu den Opfern.

Westenmauer 10

HIER WOHNTE
ADOLF TINT
JG. 1899
VERHAFTET 9.10.1939
DEPORTIERT 1.11.1942
RIGA
STUTTHOF 1.10.1944
ERMORDET

Zum Lebensweg des Lehrers Adolf Tint siehe ausführlich bei Gummersbach 1988, S. 77 ff. Auch Imo Moszkowicz schreibt über seine Erinnerungen an den „Lehrer Tint“ (s. Moszkowicz 2005, S. 43 ff und 2009, S. 77 f)

HIER WOHNTE
AMALIE TINT
GEB. BORGENICHT
JG. 1901
DEPORTIERT 27.1.1942
RIGA
STUTTHOF
ERMORDET 14.1.1945

Amalie „Mally“ Borgenicht, *19.10.1901 in Mannheim, erhielt eine Ausbildung als Krankenschwester.

Abb. 10: *Adolf Tint*

Abb. 11: Amalie „Mally" Tint, geb. Borgenicht

Abb. 12: Die Stolpersteine für das ermordete Ehepaar Tint

Südstraße 14 (heute Tankstelle)

Vermutlich gehörte auch die in Auschwitz ermordete Ahlener Familie Spiegel zu der Gruppe der Riga-Deportierten. Eine Quelle verzeichnete bei ihnen das Deportationsjahr 1943, da hat es allerdings keine Transporte nach Riga mehr gegeben.

HIER WOHNTE
ISIDOR SPIEGEL
JG. 1896
DEPORTIERT 1.3.1943
AUSCHWITZ
ERMORDET

HIER WOHNTE
EMMA SPIEGEL
GEB. STERNBERG
JG. 1902
DEPORTIERT 1.3.1943
AUSCHWITZ
FÜR TOT ERKLÄRT

HIER WOHNTE
EDITH SPIEGEL
JG. 1927
DEPORTIERT 1.3.1943
AUSCHWITZ
ERMORDET

HIER WOHNTE
RICHARD SPIEGEL
JG. 1930
DEPORTIERT 1.3.1943
AUSCHWITZ
ERMORDET

Isidor (*28.12.1896) ist der ältere Bruder von Marga Spiegels Ehemann Siegmund und der jüngere Bruder der Metzgergattin Laura, Emma seine Frau. Die Deportation der Familie nach Riga ist wahrscheinlich, sie begann 1939 mit dem vermutlich erzwungenen Umzug nach Köln. Isidor betrieb mit seinem Bruder Siegmund bis 1938 eine Vieh- und Pferdehandlung in der Südstraße 14.

Gummersbach bezeichnet Richard und Alfred Spiegel (s. Kap. 2.5) irrtümlich als Brüder, sie waren Cousins (s. Gummersbach 2013, S. 207).

HIER WOHNTE
ELFRIEDE SPIEGEL
JG. 1930
DEPORTIERT 27.2.1943
ERMORDET

(Inschriftenentwurf, Stolperstein noch nicht verlegt)

Elfriede Spiegel, *27. Juli 1930, ist wahrscheinlich ein weiteres Mitglied der „Südstraßen-Spiegels". Ihre Deportation geschah am 27.2.1943, möglicherweise nach Auschwitz im Zuge der „Fabrikaktion", in der 7.000 jüdische Rüstungsarbeiter/-innen aus Berlin abtransportiert wurden. Allerdings spricht das jugendliche Alter von Elfriede eher gegen diese These.

Nach dem Krieg betrieben **Szama Pereluk** und seine Frau in der Südstraße 14 ein Gebrauchtwarengeschäft. Er kam wahrscheinlich als polnischer Zwangsarbeiter nach Ahlen, s. Kap. 8. Auch für ihn wurde ein Wiedergutmachungsantrag eingereicht.

Lettland gehört zu den europäischen Ländern, die außerordentlich unter der deutschen Besatzung gelitten haben. Versöhnung mit der Bevölkerung aller ehemaliger „Feindstaaten" ist Gegenwarts- wie Zukunftsaufgabe und obliegt der besonderen Verantwortung der deutschen Politik. Hier spielen Städtepartnerschaften eine wichtige Rolle. Zunächst mit westlichen Staaten, nach der Wende dann mit Polen, Russland, Tschechien entstanden Städteverbindungen, häufig getragen durch eine aktive Bürgerschaft.

Auf der ESNA-Reise 2013 schlug ein Repräsentant der Stadt Talsi, zu der die Ahlener Senior/-innen seit einigen Jahren Kontakte pflegten, vor, eine Städtepartnerschaft zwischen beiden Städten anzubahnen. Der Vorschlag wurde in Ahlen abgelehnt ….

Abb. 13: Im Wald von Bikernieki

Dieses Buch ist nicht der Ort, die Qualität der lettischen Erinnerungspolitik und -kultur zu bewerten. Die besondere baltische Perspektive auf die Geschichte ist anders als die deutsche, sie gilt es zu respektieren. Dass jedoch auch 20 Jahre nach der Einweihung der Gedenkstätte Bikernieki die Erinnerung an die Ereignisse im Zuge der Besetzung Lettlands durch die Wehrmacht noch immer keine große Rolle spielt, ist bedauerlich. Umso wichtiger ist die Aufarbeitung der deutsch-baltischen Geschichte, die erst nach der Wende wirklich begann. Hier spielt das Deutsche Riga-Komitee, insbesondere für die Aufarbeitung des Holocausts in Nordwestdeutschland, eine herausragende Rolle. Über die Hälfte der Komiteemitglieder sind westfälische Städte und untermauern den Ruf Rigas als das „westfälische Auschwitz".

2.4.4 Das „freundliche" Ghetto: Theresienstadt/Terezín

Wie immer man das Lager Theresienstadt im heutigen Tschechien auch bezeichnet, als Ghetto (=jüdischer Wohnbezirk), Konzentrationslager oder Sammel- und Durchgangslager - es ändert nichts daran, dass es letztlich auch nur eine Station auf dem Weg nach Auschwitz war (s. Krauss, Wir waren die Stars von Terezín).

Gleichwohl hatte Theresienstadt in der Propaganda der Nazis eine besondere Bedeutung. Für sie war es ein „Vorzeigeghetto", ein „Rückzugsort für alte jüdische Menschen". „Das Leben war hier erträglicher als in anderen KZs, aber die Todesrate lag in Theresienstadt etwa so hoch wie in Dachau oder Buchenwald" (Krauss). Schaut man sich den Propagandafilm der Nazis an, der in der Gedenkstätte heute gezeigt wird, erhält man genau den Eindruck, der viele Menschen von der Flucht abhielt: Es ist doch alles nicht so schlimm!

Passend zur Darstellung der Nazis sei hier das Schicksal der Jüdin Rosalie Baumgarten, geb. Spiegel, hervorgehoben, die im Alter von 81 verhaftet und nach Theresienstadt deportiert und auch dort ermordet wurde.

Karlstraße 7

HIER WOHNTE
ROSALIE BAUMGARTEN
GEB. SPIEGEL
JG. 1860
VERHAFTET 1.8.1942
THERESIENSTADT
ERMORDET 24.8.1942

Rosalie Spiegel, *17.12.1860 in Enniger, war die Ehefrau des Wolbecker Viehhändlers **Moses Baumgarten** (1843–1922), das Paar hatte acht Kinder:

- **Frieda**, *25.5.1888, verschollen 1942 im Warschauer Ghetto
- **Helene**, *7.8.1889
- **Johanna**, *9.7.1890 in Telgte
- Hermann, s. Kap. 2.5
- Julius, s. Kap. 2.4.6
- **Bertha**, *11.6.1896, als Kind gestorben
- **Adolf**, *15.1.1899
- sowie ein namenloses Kind, das am 30.11.1899 starb.

Welche Umstände dazu führten, dass die Mutter mit ihren beiden Söhnen Hermann und Julius zuletzt in der Ahlener Karlstraße lebte, ist nicht bekannt. Die Familie zog am 3.8.1939 nach Meppen.

Nordstraße 47

HIER WOHNTE
HENRIETTE ‚JETTCHEN' SPIEGEL
JG. 1891
DEPORTIERT 25.9.1942
THERESIENSTADT
23.1.1943 AUSCHWITZ
ERMORDET 6.10.1944

Henriette war vermutlich eine weitere Schwester des Metzgers Norbert (s. Kap. 2.5), Emma Falks (s. Kap. 2.8) sowie Philipps und Friedas (s. Kap. 2.11.1), nach dem Krieg beide wohnhaft in San Francisco, USA; s.a. Kap. 2.13. Henriette zog 1939 nach Mönchengladbach.

Gerichtsstraße 22

HIER WOHNTE
HEINRICH SÄNGER
JG. 1876
DEPORTIERT 10.7.1942
THERESIENSTADT
16.5.1944 AUSCHWITZ
ERMORDET 1.10.1944

HIER WOHNTE
ELSA SÄNGER
GEB. WEIL
JG. 1881
DEPORTIERT 10.7.1942
THERESIENSTADT
16.5.1944 AUSCHWITZ
ERMORDET

Das Ahlener Kaufmannsehepaares Heinrich (*11.8.1876 in Obernbreit/Unterfranken) und Elsa (*2.6.1881 in Steinheim) Sänger zog 1936 zunächst nach Menden. Über sie und ihren überlebenden Sohn Hans/Chanan siehe ausführlich bei Gummersbach 2013 und Kap. 2.11.2.

Oststraße 52

HIER WOHNTE
ANNA ROSENBERG
GEB. WEYL
JG. 1867
DEPORTIERT 9.9.1943
THERESIENSTADT
ERMORDET 9.1.1944

Anna Rosenberg war die Ehefrau des Ahlener Getreidehändlers und langjährigen Vorstehers der Synagogengemeinde **Isaak Rosenberg** (verstorben im Mai 1932), ihre vier Kinder waren Regina Strauss (s.u.), Johanna Weinberg (s. Kap. 2.4.1) sowie die Söhne Adolf und Karl (s. Kap. 2.11.1; s. auch dort über die Familie Rosenberg).

HIER WOHNTE
REGINA STRAUSS
GEB. ROSENBERG
JG. 1898
DEPORTIERT 9.9.1943
THERESIENSTADT
18.12.1943 AUSCHWITZ
ERMORDET

Abb. 19: Das Rosenberg'sche Wohn- und Geschäftshaus

Südstr. 8

HIER WOHNTE
ROSA SERVOS
GEB. ROSENBERG
JG. 1876
DEPORTIERT 25.7.1942
THERESIENSTADT
ERMORDET 23.1.1943

Rosa Servos lebte zuletzt mit ihrem Mann **Max** in Anrath. Beide wurden nach ihrer Verhaftung am 25. Juli nach Theresienstadt deportiert, ihr Mann wurde dort am 3. März 1944 ermordet. Die Töchter **Ella** und **Meta** flohen 1939 nach England, Sohn **Fritz** kam über das Ghetto Riga nach Stutthof und wurde vermutlich in Buchenwald ermordet.

Abb. 20: Ella Servos, geb. 12.2.1908, ältestes Kind von Max und Rosa Servos, geb. Rosenberg

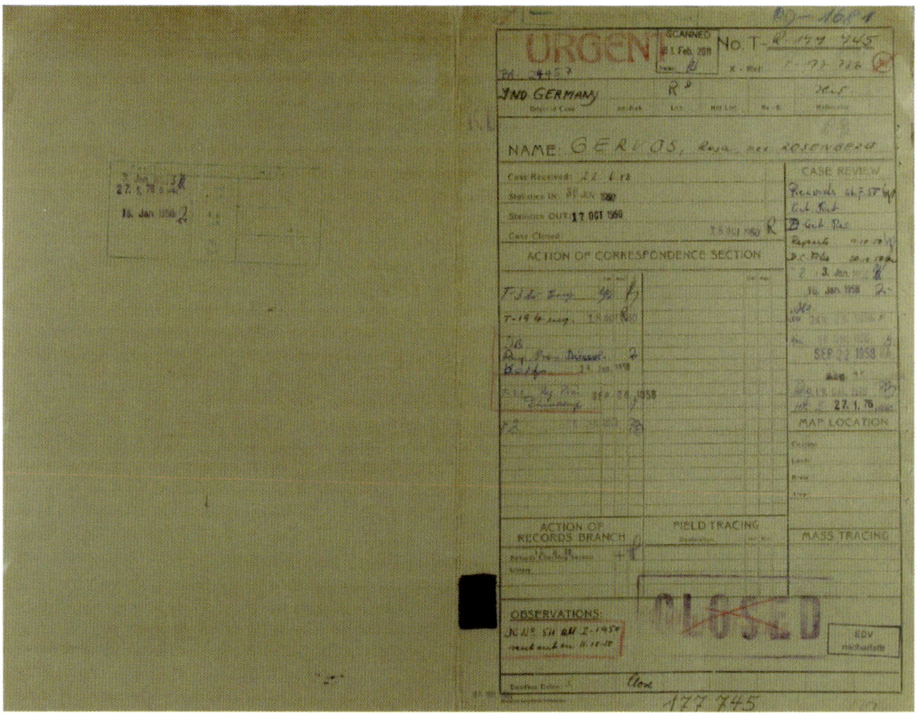

URGENT
No. T-
NAME:
CASE REVIEW
ACTION OF CORRESPONDENCE SECTION
MAP LOCATION
ACTION OF RECORDS BRANCH
FIELD TRACING
MASS TRACING
OBSERVATIONS:
CLOSED

Abb. 21: ITS-Karte Rosa Servos

Für das Entschädigungsverfahren forderte der Standesbeamte in Anrath am 7.7.1950 eine Sterbeurkunde beim Sonderstandesamt in Bad Arolsen an. Die Anfrage wurde am 12.3.1957 durch den Regierungspräsidenten Düsseldorf erneuert und am 27.9. mit Bitte um „dringende Erledigung" angemahnt. Eine Inhaftierungsbescheinigung mit Sterbedatum stellte schließlich der Internationale Suchdienst des Roten Kreuzes mit Datum vom 20.1.1958 aus. Wie die Entschädigungssache ausging, ist unklar, die Akte wurde 1976 geschlossen. Die Töchter Ella und Meta waren auch Antragsstellerinnen für die Entschädigung von Josef und Helene Rosenberg (s. Kap. 2.5). Eine verwandtschaftliche Beziehung ist deshalb zu vermuten.

Ein Zufallsfund im Gedenkbuch war die Ahlenerin **Hedwig Löwenstein** geb. Rosenberg am 31.1.1881. Sie stammte aus Ahlen, lebte aber wohl in Unna. Hedwig Löwenstein wurde am 29.7.1942 von Dortmund nach Theresienstadt deportiert, dort wurde sie am 20.11. des gleichen Jahres ermordet. Über verwandtschaftliche Beziehungen ist nichts bekannt.

Karlstraße 54

HIER WOHNTE
HANNY JOSEPHS
JG. 1875
DEPORTIERT 21.7.1942
THERESIENSTADT
AUSCHWITZ
ERMORDET

Hanny Josephs, *30.4.1875 in Jever, wurde von Theresienstadt am 15.5.1944 nach Auschwitz deportiert.

Nordstraße 5

HIER WOHNTE
BERTA HAHN
GEB. GOLDSTEIN
JG. 1858
DEPORTIERT 21.7.1942
THERESIENSTADT
ERMORDET 17.6.1943

Berta Goldstein, *1.12.1858 in Vác (Ungarn), wurde von der Ahlener Meldebehörde als Tschechin geführt. Sie lebte in Köln, bevor sie 1929 nach Ahlen kam, ab 1932 war sie offenbar in Hamburg und Düsseldorf gemeldet. Berta wurde am 21.7.1942 ins Ghetto Theresienstadt deportiert, wo sie im Alter von 84

Jahren ermordet wurde. Ob eine verwandtschaftliche Beziehung zur Familie Hahn (s. Kap. 2.3. und 2.4.1) bestand, ist unsicher, eine enge verwandtschaftliche Beziehung zu Gerda Hahn (s. Kap. 2.4.2), die mit ihr an der gleichen Adresse wohnte, liegt nahe.

2.4.5 Die Konzentrationslager Kulmhof und Stutthof

Das Vernichtungslager **Kulmhof/Chełmno,** im heutigen Zentralpolen gelegen (ehemals „Reichsgau Wartheland" im besetzten Gebiet), wurde zwischen Dezember 1941 und April 1943 genutzt. Ab Sommer 1944 ermordete man dort vornehmlich jüdische Menschen aus dem Ghetto Litzmannstadt. Dank einer akribischen Buchführung geht man von genau 152.477 jüdischen Opfern aus, dazu kommen etwa 4.000 Sinti und Roma sowie sowjetische Kriegsgefangene und Angehörige anderer Opfergruppen.

Für sieben Personen aus Ahlen ist Kulmhof als Todesort belegt, alle kamen aus dem Ghetto Litzmannstadt.

- Franziska „Fanny" Hahn
- Edith Josephine Hahn
- Raymond Albert Hahn
- Else Langstadt
- Leo Spiegel
- Johanna Weinberg
- Inge Johanna Spiegel

Das KZ **Stutthof** bestand ab September 1939 als Zivilgefangenenlager, ab 1942 als „Konzentrationslager der Stufe I". Es lag in der Nähe von Danzig und war bis Kriegsende in Betrieb. Es war vornehmlich Arbeitslager für SS-eigene Betriebe sowie für Ziegeleien und die Landwirtschaft. Ende 1944 waren mindestens 70% der Häftlinge jüdische Menschen, viele aus Ungarn, aber auch aus evakuierten Lagern im Baltikum, so aus dem Ghetto Riga. Die Ermordung der etwa 65.000 Menschen geschah wegen der zu geringen Gaskammerkapazitäten auch in abgedichteten Eisenbahnwaggons.

Neben dem Lehrerehepaar Tint ist Stutthof als Aufenthalts- und Todesort für zwei weitere ehemalige Ahlener/-innen belegt, drei von ihnen kamen aus dem Rigaer Ghetto, über das Schicksal von Alfred Loe s. Kap. 2.6.

- Adolf Tint
- Amalie Tint
- Selma Metzger
- Alfred Loe

2.4.6 Die Vernichtungslager Sobibór und Treblinka

Reinhard Heydrich war Leiter des Reichssicherheitshauptamtes und stellvertretender Reichsprotektor in Böhmen und Mähren und von Göring mit der „Endlösung der Judenfrage" beauftragt. Heydrich fiel im Mai 1942 in Prag einem Attentat zum Opfer. Die „Aktion Reinhard“ wurde daraufhin ab Sommer 1942 zum Tarnnamen für die systematische Ermordung von Jüd/-innen und Rom/-nja, die dafür vorgesehenen Vernichtungslager: Sobibór, Belzec, Treblinka. Allein in den Gaskammern Sobibórs wurden schätzungsweise 250.000 Jüd/-innen ermordet, darunter 33.000 aus den Niederlanden (s. Kap. 2.6).

Ostenmauer 26

HIER WOHNTE
JACOB JACOBS
JG. 1895
DEPORTIERT 8.6.1943
SOBIBÓR
ERMORDET 11.6.1943

HIER WOHNTE
JULIE JACOBS
GEB. LAZARUS
JG. 1897
DEPORTIERT 8.6.1943
SOBIBÓR
ERMORDET 11.6.1943

Julie Lazarus, *21.9.1897 in Trier, und ihr Ehemann Jacob Jacobs, *11.3.1895 in Borne/NL, führten in Ahlen eine Viehhandlung. Er war vermutlich der Bruder von Emma Sachs (gleiche Wohnadresse, gleicher Geburtsort; s. Kap. 2.8). Sie emigrierten am 17.7.1933 in die Niederlande. Vom 9.4. bis zum 8.6.1943 waren sie Insassen des niederländischen Konzentrationslagers Vught-Hertogenbosch, ehe sie über Westerbork nach Sobibór deportiert wurden.

Für die Wohnadresse Ostenmauer 26 ist zudem **Friederike Jacobs, geb. Miltenberg** belegt. Über ihr Schicksal gibt es keine Informationen.

Karlstraße 7

HIER WOHNTE
ERNA BAUMGARTEN
GEB. ERLANGER
JG. 1898
DEPORTIERT 15.6.1942
SOBIBÓR
ERMORDET

HIER WOHNTE
JULIUS BAUMGARTEN
JG. 1894
DEPORTIERT 15.6.1942
SOBIBÓR
ERMORDET

Erna Baumgarten wurde am 18.10.1898 in München geboren. Vermutlich war sie vor ihrer Ehe mit Julius (*1894 in Telgte) verwitwet. Über weitere Familienangehörige s. Kap. 2.4.4 und 2.5.

Südberg 40

HIER WOHNTE
SIMON AGRANOW
JG. 1891
DEPORTIERT 15.7.1942
IZBICA
ERMORDET IN SOBIBÓR

HIER WOHNTE
SARA AGRANOW
GEB. GERMANSKI
JG. 1894
DEPORTIERT 15.7.1942
IZBICA
ERMORDET IN SOBIBÓR

Simon Agranow, *1.10.1891 im russischen Zlobin, und seine Frau Sara, *1.7.1894 in Eišiškės (Südost-Litauen), zogen von Ahlen am 3.10.1939 nach Essen. Beide wurden von Koblenz aus nach Sobibór deportiert.

Oststraße 18

HIER WOHNTE
BERTHA HAMME
GEB. ROLLMANN
JG. 1881
DEPORTIERT 10.3.1943
SOBIBÓR
ERMORDET 13.3.1943

Bertha Hamme, geb. Rollmann am 25. Januar (Gedenkbuch 23. Januar) 1881 in Ahlen, heiratete 1908 in Amsterdam, über ihren Ehemann ist außer dem Nachnamen nichts bekannt. Sie wohnte zeitweilig in Köln und wohl auch in Ahlen in dem Haus ihres (vermutlichen) Bruders Julius Rollmann (s. Kap. 2.11.1). Bertha floh am 26.1.1937 in die Niederlande, vom Lager Westerbork aus wurde sie nach Sobibór deportiert.

Die Ahlener „Adolf-Hitler-Straße" wurde nach dem Krieg wieder zurückbenannt in West- bzw. Oststraße, allerdings wurden auch die Hausnummern verändert, diese Änderungen aber nicht in allen Dokumenten und Karten konsequent vollzogen. Der Stein für Bertha Rollmann lag drei Jahre lang vor dem falschen Haus. Am 28. Januar 2020 wurde dieser Fehler korrigiert.

Südstraße 19 (ehemals 25)

HIER WOHNTE
NATHAN LEFMANN SPIEGEL
JG. 1879
DEPORTIERT 15.6.1942
SOBIBÓR
ERMORDET

(Inschriftenentwurf, Stolperstein noch nicht verlegt)

Der Viehhändler Nathan Lefmann Spiegel wurde am 11.9.1879 in Versmold geboren. Laut Meldekarte war er verwitwet, seine Ehefrau ist nicht bekannt. Er zog am 24.3.1938 aus unbekannten Gründen nach Frankfurt, danach lebte er - offenbar als Patient - in der Heil- und Pflegeanstalt Bendorf-Sayn.

Die Jacoby'sche Heil- und Pflegeanstalt war eine Einrichtung insbesondere für jüdische „Nerven- und Gemüthskranke" in Sayn, heute Bendorf. Sie bestand von 1869 bis 1942. Ab Dezember 1940 wurde die Krankenanstalt in die Organisation der „Endlösung der Judenfrage" - dem Holocaust - einbezogen. Ab 1942 wurden die Bewohner des Hauses und das jüdische Pflegepersonal deportiert. Ihre Spur verliert sich in den NS-Vernichtungslagern des Ostens. Sie wurden alle ermordet. Mit Runderlass des Reichsinnenministers vom 10. November 1942 wurde die Heil- und Pflegeanstalt aufgelöst (WIKIPEDIA).

In der Südstraße 25 waren auch Nanni (*7.6.1916; „Haustochter") und Lena Spiegel (*12.1.1920) gemeldet. Die beiden jungen Frauen zogen kurz nach Nathan nach Frankfurt. Eine verwandtschaftliche Beziehung der drei Personen ist wahrscheinlich (s.a. Kap. 2.13).

Im Kühl 21

HIER WOHNTE
ALBERT SCHÖNEMANN
JG. 1871
DEPORTIERT 23.9.1942
TREBLINKA
ERMORDET

HIER WOHNTE
JENNY SCHÖNEMANN
GEB. EICHENGRÜN
JG. 1889
DEPORTIERT 23.9.1942
TREBLINKA
ERMORDET

Das Ehepaar Albert, *17.6.1871 in Helminghausen, und Jenny Schönemann, geb. Eichengrün am 18.4.1889 in Beringhausen, wurden am 29.7.1942 zunächst von Dortmund nach Theresienstadt, von da aus ins Vernichtungslager Treblinka deportiert.

Hedwig Schönemann (*24.4.1876 in Helminghausen) war wohl Alberts Schwester. Sie starb am 1.2.1939 in der Provinzialheilanstalt Marienthal in Münster. Der Grund für ihre Einweisung und die Todesursache sind unbekannt.

2.5 Das Transitghetto Izbica

Ab 1942 war das Ghetto Izbica in Südostpolen eine Durchgangsstation auf dem Weg in die Vernichtungslager, vor allem Sobibór und Belzec. Für viele Ahlener Jüd/-innen war hier das erste Deportationsziel, aber gestorben wurde auch hier. Die SS erschoss bis zur Schließung des Ghettos im April 1943 ca. 4.500 Menschen auf dem örtlichen Friedhof.

Hansastraße 17

HIER WOHNTE
FRIEDA DAVID
GEB. ELKAN
JG. 1886
DEPORTIERT 22.4.1942
IZBICA
ERMORDET

Frieda David (*17.8.1886 in Aldenhoven bei Jülich) war verheiratet mit Paul (*15.5.1893 in Köln), der noch am 1.6.1918 im Ersten Weltkrieg fiel. Sohn Hans lebte nur vom 18.2. bis zum 2.8.1917. Zur „Geschichte der Kriegerwitwe Frieda David", siehe Gummersbach 2013, S. 185 ff.

Oststraße 54

HIER WOHNTE
HELENE ROSENBERG
JG. 1878
DEPORTIERT 22.4.1942
IZBICA
ERMORDET

HIER WOHNTE
JOSEF ROSENBERG
JG. 1874
DEPORTIERT 1939
ESSEN
TOT 25.6.1941

Josef (*22.1.1874) und Helene (*22.1.1878) Rosenberg führten ein Textil- und Bettengeschäft in der Oststraße, da von Helene kein anderer Geburtsname angegeben ist, waren sie vermutlich Geschwister. Das Geschäft wurde im August 1938 an den Ahlener Uhrmachermeister Pollmeier verkauft.

Eine Verwandtschaft zur benachbarten Kaufmannsfamilie Isaak und Anna Rosenberg sowie zu Rosa Servos geb. Rosenberg ist wahrscheinlich, Rosa Servos' Töchter Ellen und Meta stellten auch hier den Wiedergutmachungsantrag (s. Kap. 2.4.4).

Nordstraße 47

HIER WOHNTE
NORBERT SPIEGEL
JG. 1897
DEPORTIERT 22.4.1942
IZBICA
ERMORDET

Über Norberts Schwester Emma Falk s. Kap. 2.8.

Abb. 22: Norbert Spiegel

HIER WOHNTE
AARON MOSZKOWICZ
JG. 1925
DEPORTIERT 22.4.1942
IZBICA
ERMORDET

HIER WOHNTE
GISELA MOSZKOWICZ
JG. 1928
DEPORTIERT 22.4.1942
IZBICA
ERMORDET

Der in den Akten des Kreisarchives erscheinende **Eduard Moszkowicz** (*12.6.1924 in Ahlen) konnte bisher keinem Familienzweig zugeordnet werden.

Zur Erinnerung an die jiddisch sprechende Ahlener Familie Moszkowicz siehe Gummersbach 2013, Offele-Aden (2002, S. 52–57) und Wilke (2008, S. 32–36).

Karlstraße 7

HIER WOHNTE
HERMANN BAUMGARTEN
JG. 1892
DEPORTIERT 22.4.1942
IZBICA
ERMORDET

Hermann Baumgarten, *27.1.1892 in Telgte, übernahm 1922 die väterliche Viehhandlung in Münster und wohnte seit Ende 1936 mit seiner Mutter Rosalie (s. Kap. 2.4.4), seinem Bruder Julius und dessen Frau Erna (beide s. Kap. 2.4.6) in der Ahlener Karlstraße. „Vermutlich wurde er zur Zwangsarbeit in Essen herangezogen, da als Berufsbezeichnung 1942 ‚Arbeiter' angegeben war. Am 22.4.1942 wurde er mit dem Transport des Gestapo-Bereichs Düsseldorf mit 940 Essener Leidensgenossen ins Durchgangslager Izbica deportiert, wo sich seine Spur verliert" (Möllenhoff/Schlautmann-Overmeyer, S. 63).

Südberg 40

HIER WOHNTE
SIMON HEILBRUNN
JG. 1882
DEPORTIERT 22.4.1942
IZBICA
ERMORDET

HIER WOHNTE
ELLY HEILBRUNN
GEB. SPIEGEL
JG. 1886
DEPORTIERT 10.10.1939
DÜSSELDORF
ERMORDET 24.11.1941

HIER WOHNTE
HANS HEILBRUNN
JG. 1923
DEPORTIERT 22.4.1942
IZBICA
ERMORDET

Über die Familie Simon (*12.12.1882 in Frickhofen), Elly (*13.8.1886 in Versmold) und Sohn Hans (*15.8.1923 in Ahlen) Heilbrunn gibt es derzeit keine weiteren Lebensdaten. Die drei Personen wurden am 10.10.1939 mit Ziel Düsseldorf abgemeldet.

Weststraße 4 *(Inschriftenentwurf, Stolperstein noch nicht verlegt)*

HIER WOHNTE
MARGARETHE FRANK
GEB. JOSEPHS
JG. 1881
DEPORTIERT 22.4.1942
IZBICA
ERMORDET

Margarethe Frank, *31.3 1881 in Jever, war die Frau des Lehrers Justus Frank und Mutter des Ahlener Gymnasiasten Werner (s. Kap. 2.12.4) sowie möglicherweise die jüngere Schwester von Hanny Josephs (s. Kap. 2.4.4). Sie wohnte zeitweise in Essen und wurde von Düsseldorf nach Izbica deportiert.

2.6 Flucht in die Niederlande: das Lager Westerbork

Zahlreiche westfälische Jüd/-innen versuchten, sich dem Zugriff der Nazis durch Flucht in die Niederlande zu entziehen. Einigen gelang die Flucht, viele wurden jedoch aufgegriffen, verhaftet und in das „Zentrale Flüchtlingslager Westerbork" gebracht, die letzte Station vor der Deportation, unter ihnen waren nachweislich viele Ahlener/-innen; über die Flucht von Mitgliedern der Familie Simon s. Gummersbach 2013, S. 132 f.

Weststraße 73

HIER WOHNTE
ALFRED LOE
JG. 1909
NIEDERLANDE
DACHAU 2.4.1945
ERMORDET 7.5.1945

HIER WOHNTE
ERNA LOE
GEB. SIMON
JG. 1910
DEPORTIERT 1944
AUSCHWITZ
ERMORDET 6.3.1944

ROBERT LOE
JG. 1942
DEPORTIERT 1944
AUSCHWITZ
ERMORDET 6.3.1944

Abb. 25: Erna Loe

Alfred Loe wurde am 12.11.1909 in Wadersloh geboren, sein Vater Isaak (*19.5.1880 in Stromberg) starb am 15.8.1942 in Theresienstadt, seine Mutter Ella Edler (*15.11.1881 in Wadersloh) wurde im Dezember 1941 von Bielefeld nach Riga deportiert, ebenso seine Schwester Lily (*28.10.1908 in Stromberg). Sein Bruder Siegfried, *29.9.1905 in Mettinghausen bei Wadersloh, starb am 17.8.1942 in Auschwitz; über seinen Bruder Paul s. Kap. 2.8. Alfred war Metzger und Koch und leitete eine Pension, zwischenzeitlich lebte er in Castrop, wo er 1934 zunächst mit Ziel Groningen, dann Amsterdam abgemeldet wurde. Dort heiratete er die Ahlenerin Erna Simon am 18.11.1936.

Alfred Loe wurde am 17.4.1943 ins Sammellager Westerbork eingewiesen und mit seiner Familie am 11. Juli nach Auschwitz deportiert (einer anderen Quelle zufolge erst am 3.3.44), ihm wurde die Häftlingsnummer 174776 eintätowiert. Ehefrau Erna und Sohn Robert wurden drei Tage später ermordet. Alfred hingegen wurde am 28.10.1944 nach Stutthof überstellt. Er kam am 19.11.1944 als einer von 601 Juden ins Kriegsgefangenen- und Zwangsarbeiterlager Hailfingen, einem Außenkommando des KZ Natzweiler, und wurde dort beim Bau eines Nachtjägerflugplatzes eingesetzt. Er wurde am 13.2.1945 nach Vaihingen/Enz transportiert und von dort am 2.4.1945 nach Dachau (Ankunft am 6.4.), wo er am 7.5.1945 starb. Da die amerikanischen Truppen Dachau jedoch bereits am 29. April befreiten, wurde das Todesdatum vermutlich von der niederländischen Justiz „gesetzt", ein durchaus übliches Vorgehen bei fehlenden Unterlagen. Weitere Einzelheiten des Schicksals der Familie Loe s. Gummersbach 2013, S.132 ff.

Die Familie Loe wohnte vor ihrer getrennten Deportation in Amsterdam in der Rijnstraat, dort liegen bereits Stolpersteine. Für eine zweite Verlegung in Ahlen entschied man sich wegen des berührenden Schicksals des Kindes Robert. Das Kind wurde in den Niederlanden geboren und hat nie in Ahlen gelebt, weshalb man auf den Zusatz „Hier wohnte" verzichtete. Robert wurde im Alter von 21 Monaten gemeinsam mit der Mutter in Auschwitz ins Gas geschickt.

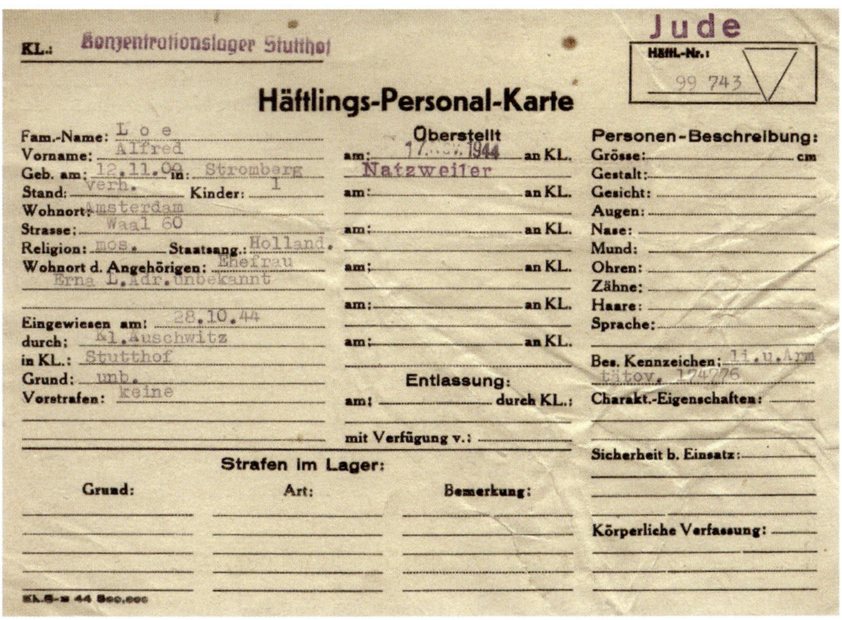

KL.: Konzentrationslager Stutthof

Jude

Häftl.-Nr.: 99 743

Häftlings-Personal-Karte

Fam.-Name: Loe
Vorname: Alfred
Geb. am: 12.11.09 in: Stromberg
Stand: verh. Kinder: 1
Wohnort: Amsterdam
Strasse: Waal 60
Religion: mos. Staatsang.: Holland.
Wohnort d. Angehörigen: Ehefrau Erna L. Adr. unbekannt
Eingewiesen am: 28.10.44
durch: Kl. Auschwitz
in KL.: Stutthof
Grund: unb.
Vorstrafen: keine

Überstellt
am: 17. .1944 an KL. Natzweiler
am: an KL.
am: an KL.
am: an KL.
am: an KL.
am: an KL.

Entlassung:
am: durch KL.:
mit Verfügung v.:

Personen-Beschreibung:
Grösse: cm
Gestalt:
Gesicht:
Augen:
Nase:
Mund:
Ohren:
Zähne:
Haare:
Sprache:
Bes. Kennzeichen: li. u. Arm tätov. 174776
Charakt.-Eigenschaften:
Sicherheit b. Einsatz:
Körperliche Verfassung:

Strafen im Lager:
Grund: Art: Bemerkung:

Abb. 26: Häftlings-Personal-Karte von Alfred Loe

Bei Schülerführungen wurden stets vor dem Haus Weststraße 73/Muesmannsches Haus die wirtschaftspolitischen Maßnahmen der NS-Regierung mit dem Ziel des Entzugs der Lebensgrundlagen der jüdischen Bevölkerung thematisiert. Bei der Erwähnung von Roberts Ermordung in Auschwitz kam es immer wieder vor, dass jüngere Jugendliche lachten. Das machte mich stets fassungslos, und ich fand eine Erklärung darin, dass 14-Jährigen das Grauen des staatlich verordneten Massenmordes emotional nicht zugänglich ist, zumal ohne sachliche Vorinformationen. Diese gibt es laut NRW-Lehrplan aber erst in der Jahrgangsstufe 9/II.

Als ich mich fortan weigerte, Führungen mit jüngeren Schülergruppen fortzusetzen, entzündete sich eine pädagogische Kontroverse. Einige Pädagog/-innen beharrten darauf, dass Stolpersteinführungen auch für Kinder eine geeignete emotionale Einstimmung auf das Unterrichtsthema Nationalsozialismus seien. Didaktisch nachvollziehbar, emotional für mich nicht zu verkraften.

Abb. 27: Das Haus Weststraße 73 mit seiner schönen Jugendstilfassade hat eine bewegte Opfergeschichte

Abb. 28: Stolpersteine Loe-Simon

Südstraße 19 (ehemals 25)

HIER WOHNTE
SIEGMUND SPIEGEL
JG. 1876
POGROMOPFER
VON SA ZU TODE GEHETZT
10.11.1938

HIER WOHNTE
EMMA SPIEGEL
GEB. SPIEGEL
JG. 1875
FLUCHT 1938
NIEDERLANDE
ERMORDET

HIER WOHNTE
LINA SPIEGEL
JG. 1920
VERHAFTET 2.12.1938
ERMORDET

Emma (*2.8.1875 in Versmold) ist die Ehefrau, Lina (*28.1.1920) eines der fünf Kinder des Viehhändlers Siegmund Spiegel (*19.10.1876 in Ahlen), der in der Reichspogromnacht in der Wilhelmstraße „zu Tode gehetzt" wurde (s. Gummersbach 2013, S. 166 ff.). Lina wurde am 2.12.1938 in Frankfurt verhaftet. Beide Frauen führte ihre Flucht in die Niederlande, eine Chronologie ist nicht zu rekonstruieren, zumal auch dem „Erinnerungszentrum Kamp Westerbork" keine Informationen vorliegen. Beide Frauen haben jedoch sicher den Holocaust nicht überlebt.

Ein besseres Los ereilte die Töchter

Adolfine Spiegel, *22.11.1903
Else Waltner, *29.8.1911
Hilde Geller, *29.6.1913
Nanni Meyer, *7.6.1916.

Abb. 29: Im Zuge der Baumaßnahme „Pflegeheim Harmonie" verschwand einer der drei Stolpersteine, ein weiterer wurde stark beschädigt. Die verantwortliche Baufirma leistete anstandslos Schadensersatz.

Allen gelang rechtzeitig die Flucht. Adolfine und Hilde lebten in New York, Else in Cleveland/Ohio, Nanni in London; s.a. Kap. 2.13.

Zu ergänzen ist der früh verstorbene Sohn Leo (*3.6.1910, gest. am 20.8.1910).

2.7 Die Lager Majdanek und Trawniki

Majdanek ist ein Vorort der ostpolnischen Stadt Lublin, die als religiöses und kulturelles Zentrum des Ostjudentums galt. In Majdanek war das erste Lager der SS-Inspektion der Konzentrationslager im deutsch besetzten Polen und wurde 1942/43 als Vernichtungslager genutzt, vornehmlich für Menschen aus den Ghettos Warschau und Białystok. Nach der Befreiung durch die Rote Armee im Juli 1944 erfuhr die Weltöffentlichkeit erstmals durch Bildberichte westlicher Journalisten aus Majdanek von dem Massenmord an Jüd/-innen, am 28. August 1944 erschien im amerikanischen life-Magazin ein ganzseitiger Artikel über eine russische Gedenkfeier am 6. August.

Amselweg 20

HIER WOHNTE
HEDWIG LOEWENSTEIN
JG. 1889
DEPORTIERT 1942
MAJDANEK
ERMORDET

Hedwig Loewenstein (*8.3.1889 in Hameln) war in Ahlen als „Geschäftsführerin“ gemeldet und zog am 28.11.1938 nach Jülich um. Sie wurde am 11.8.1956 offiziell für tot erklärt.

Oststraße 21

HIER WOHNTE
HELENE BAUMGART
JG. 1890
DEPORTIERT 28.3.1942
ZWANGSARBEIT
WARSCHAUER GHETTO
ERMORDET

Helene Baumgart wurde laut Gedenkbuch am 3.4.1890 in Völkershausen (vermutlich ist das thüringische Völkershausen gemeint) geboren und wohnte in Herford und Ahlen. Sie wurde am 28.3.1942 von Gelsenkirchen aus deportiert, wahrscheinlich war sie zunächst als Zwangsarbeiterin vorgesehen („Arbeitseinsatz Ost"), drei Tage später kam sie im Warschauer Ghetto an. Weiteres ist nicht bekannt, sie wurde nach dem Krieg für tot erklärt.

Trawniki war als Außenlager des KZ Majdanek ein „SS-Ausbildungs- und Arbeitslager". Es war eingebunden in die Ökonomie des Nazi-Regimes und stellte zum Beispiel Bekleidung für die Wehrmacht her. Einer breiteren Öffentlichkeit wurde das Lager durch den Demjanjuk-Prozess bekannt. Mit dem Ukrainer John Demjanjuk wurde erstmalig ein nichtdeutscher Wachmann eines NS-Lagers als Kriegsverbrecher verurteilt. Demjanjuk wurde als „Trawniki-Mann" ausgebildet, die Trawnikis waren deutsche und nichtdeutsche Hilfstruppen, vorwiegend aus Kriegsgefangenen rekrutiert (Balten, Ukrainer, Wolgadeutsche), die eine Zwischenschicht zwischen der SS und den „Arbeitsjuden" bildeten. Sie zeichneten sich oftmals durch einen besonderen Eifer aus, mit dem sie sich Vorteile im Lagerbetrieb erhofften.

Nach neueren Erkenntnissen ist das Ahlener Ehepaar Metzger zur Zwangsarbeit in Trawniki herangezogen worden. Warum beiden in vergleichsweise hohem Alter dieses Schicksal zuteil wurde, lässt sich gegenwärtig nicht mit Gewissheit sagen. Vermutlich wurden sie in Majdanek ermordet.

Im Kühl 21

HIER WOHNTE
ALBERT METZGER
JG. 1878
DEPORTIERT 2.4.1942
TRAWNIKI
ERMORDET

HIER WOHNTE
JENNY METZGER
GEB. FREUND
JG. 1876
DEPORTIERT 2.4.1942
TRAWNIKI
ERMORDET

Für Albert Metzger, *10.1.1878 in Heiden, und seine Frau Jenny geb. Freund am 17.6.1876 in Rüthen-Oestereiden, liegen Meldedaten in Wanne-Eickel und Berlin vor. Sie wurden im April 1942 zunächst mit dem Ziel Ghetto Warschau deportiert. Jenny war wohl die Schwester des letzten Ahlener Synagogenvorstehers Albert Freund, Albert Metzger der Bruder dessen Frau Olga (s. Kap. 2.10).

„Betr.: Waffenschaden – Gewehr Nr. 6682. Bei der am 3.11.1943 in Trawnicki stattfindenden Judenaussiedlung wurde ich von einer Jüdin durch einen Schlag ins Gesicht tätlich angegriffen und leicht verletzt. Da die Person Anstalten machte, nochmals zum Schlage auszuholen, sah ich mich genötigt, abzuwehren, und schlug ihr mit dem Kolben meines Gewehres auf den Schädel, wobei der Kolben leicht beschädigt wurde. Der Schaden selbst ist unerheblich (leichter Riß am Kolben) und beeinträchtigt die Feuerkraft und Sicherheit nicht im geringsten, was durch den Gebrauch im Anschluß an den Vorfall unter Beweis gestellt werden konnte."

Meldung von SS-Hauptscharführer Miller vom 31.1.1944. Aus der 16-teiligen Edition „Verfolgung und Ermordung der europäischen Juden", zitiert in Staas 2021.

2.8 Auschwitz

Über das Konzentrationslager Auschwitz, genauer Stammlager I mit Verwaltungskomplex, und das drei Kilometer entfernte Arbeits- und Vernichtungslager Auschwitz-Birkenau gibt es im Rahmen dieser Arbeit nichts zu sagen, was nicht schon oft gesagt wurde. Es wurde zum Inbegriff der industriellen Massentötung von Menschen mit insgesamt etwa 1,1 Millionen Ermordeten zwischen 1940 und 1945, darunter in einem eigenen „Zigeunerlager" auch nahezu 3.000 Roma und Sinti. Das Lager wurde am 27. Januar 1945 durch die Rote Armee befreit und ist seit 1979 UNESCO-Weltkulturerbe.

Die Zahl der in Auschwitz ermordeten Ahlener Jüd/-innen ist nicht exakt zu ermitteln, da bis heute viele Schicksale ungeklärt sind. Für die meisten Opfer war Auschwitz die Endstation eines oftmals langen Leidensweges mit nicht selten drei oder vier Stationen, immer schwebend zwischen Arbeitseinsätzen und Blick auf die Gaskammern, zwischen immer präsenter Hoffnung und Todesangst.

Weststraße 103

HIER WOHNTE
PAUL LOE
JG. 1907
DEPORTIERT
AUSCHWITZ
ERMORDET

Paul Loe, *16.6.1907, Bruder von Alfred Loe (s. Kap. 2.6), emigrierte laut einer anderen Quelle nach Frankreich, wo sich seine Spur verliert. Da er im Gegensatz zu anderen ermordeten Familienmitgliedern nicht im Gedenkbuch auftaucht und es auch keine Deportationsdaten gibt, ist diese Version nicht unwahrscheinlich.

Weststraße 73

HIER WOHNTE
ADELE SIMON
JG. 1913
DEPORTIERT 1942
AUSCHWITZ
ERMORDET 30.9.1942

Abb. 30: Adele Simon

Adele, *26.12.1913 in Hamm, war eine Schwester von Erna Simon, die ihrerseits mit Paul Loes Bruder Alfred verheiratet war (s. Kap. 2.6). Vor ihrer Deportation nach Auschwitz hielt sie sich ab 1936 zeitweise in den Niederlanden auf. Über die Familie Simon s. Gummersbach 2013, S. 132 ff.

Ostenmauer 26

HIER WOHNTE
EMMA SACHS
GEB. JACOBS
JG. 1896
DEPORTIERT 21.4.1943
THERESIENSTADT
AUSCHWITZ
ERMORDET 6.10.1944

Emma Sachs, *13.6.1896 (laut Meldekarte 12.7.96) im niederländischen Borne, war die Schwester von Jacob Jacobs (s. Kap. 2.4.6). Als Wohnorte werden neben Ahlen Werther und Halle/Westf. angegeben. Emma meldete sich im Juli 1933 ab, offenbar mit dem Ziel Niederlande. Sie war vom 4.10.1942 bis zum 21.4.1943 im Sammellager Westerbork interniert. Anschließend ist bis zum 4.10.1944 ihr Aufenthalt im Ghetto Theresienstadt belegt, ehe sie in Auschwitz ermordet wurde

HIER WOHNTE
ALBERT SACHS
JG. 1896
FLUCHT 1938 HOLLAND
INTERNIERT WESTERBORK
DEPORTIERT 1943
THERESIENSTADT
1944 AUSCHWITZ
BEFREIT
TOT 28.2.1945

Emmas Ehemann Albert (*19.5.1896 in Werther) lebte gleichfalls in Ahlen, Halle und Werther. Seine Flucht in die Niederlande ist für den 19.8.1938 belegt, er wurde im weiteren zunächst im Arbeitslager Overbroek (27.8.1942), dann im Sammellager Westerbork (6.10.1942 - 21.4.1943) interniert. Wie Emma kam er am 21.4.1943 nach Theresienstadt und am 28.9.1944 nach Auschwitz, wo er mit Datum vom 28.2.1945 für tot erklärt wurde. Vermutlich hat er die Befreiung Auschwitz' durch die Rote Armee einen Monat vorher noch erlebt.

Nordstraße 47

HIER WOHNTE
EMMA FALK
GEB. SPIEGEL
JG. 1899
DEPORTIERT 20.10.1940
GURS
AUSCHWITZ 2.9.1942
ERMORDET 5.9.1942

2017 wurde im baden-württembergischen Bad Schönborn, Ortsteil Mingolsheim, ein Stolperstein für Emma sowie ihren Ehemann **Julius Falk** gelegt. Nach dem Austausch von für beide Seiten wertvollen Informationen sandte Hans-Georg Schmitz der Stadt Ahlen einen Begleittext zu, der im Folgenden etwas gekürzt wiedergegeben wird. Er ist zu finden auf der Internetseite der Gemeinde Bad Schönborn.

Emma FALK geb. SPIEGEL stammt aus Ahlen im Münsterland. Sie wurde dort am 10. März 1899 geboren als Tochter von Abraham und Settchen Spiegel. Ihr Bruder Norbert, der ebenfalls von den Nazis ermordet wurde, war dort Metzger in der Nordstraße 47. Vielleicht übte schon ihr Vater dieses Handwerk aus.

Möglicherweise lebte Emma als Hausangestellte im süddeutschen Raum; wir wissen nicht, wie Emma und Julius Falk sich kennenlernten. 1937 heirateten sie, und Emma zog zu ihm. Es gibt keine gemeinsamen Kinder und keine weiteren Nachrichten über ihre Jahre hier. Sie erlebte, wie am 11. November 1938 die Wohnung verwüstet und ihr Mann verhaftet wurde. Mit ihm wurde sie am 20. Oktober 1940 deportiert ins Lager Gurs am Fuß der Pyrenäen. Sie überlebten unter katastrophalen Umständen die besonders grausamen ersten Wintermonate. Man war dort auf nichts vorbereitet, es gab nur Bretterbaracken ohne Fensterglas und richtige Dielen. Nicht einmal Stroh zum Schlafen war vorhanden, und die primitiven Latrinen für zig Menschen konnte man nur durch knöcheltiefen Schlamm erreichen. Männer und Frauen waren getrennt und alle Familien auseinandergerissen.

Emma Falk wurde am 25.8.1942 von Gurs nach Drancy gebracht. Am 2. September verließ sie dieses Zwischenlager mit Transport Nr. 27 nach Auschwitz. Niemand aus diesem Zug überlebte. Mit allergrößter Wahrscheinlichkeit wurde sie gleich nach der Ankunft, also am 5. oder 6. September in der Gaskammer ermordet….

Abb. 31: Plakat der Stolpersteinverlegung in Bad Schönborn 2017

Klosterstraße 13

HIER WOHNTE
HERMANN MOSZKOWICZ
JG. 1921
DEPORTIERT 1.3.1943
AUSCHWITZ
ERMORDET

Für alle Moszkowicz-Kinder, deren Todesdatum nicht überliefert ist, gilt das Datum des Kriegsendes (8.5.1945).

HIER WOHNTE
DAVID MOSZKOWICZ
JG. 1922
DEPORTIERT 5.10.1939
AUSCHWITZ
ERMORDET 16.2.1943

Gerichtsstraße 13

HIER WOHNTE
ELSE WINTER
GEB. ROSENBERG
JG. 1901
DEPORTIERT 3.3.1943
AUSCHWITZ
ERMORDET

Else Winter (*6.10.1901 in Ahlen) war eine Tochter der Fabrikantenfamilie Siegmund Rosenberg (s. Kap. 2.11). Sie lebte in Berlin-Schöneberg, von Berlin aus, wo sie bei Osram Zwangsarbeit verrichtete, wurde sie deportiert. Über ihr Leben und ihre möglichen verwandtschaftlichen Beziehungen zu anderen Ahlener Rosenbergs ist nichts bekannt.

Folgende Auschwitz-Inhaftierte werden in anderen Kapiteln erwähnt:

- LAURA SPIEGEL
- INGE JOHANNA SPIEGEL
- ISIDOR SPIEGEL
- EMMA SPIEGEL
- EDITH SPIEGEL
- RICHARD SPIEGEL
- REGINA STRAUSS
- HEINRICH SÄNGER
- ESLA SÄNGER
- CHANA OBARZANSKI

- BERTA RYBAK
- IMO MOSZKOWICZ
- ERNA LOE
- FAMILIE JOSEF UND JULIA RYBAK

2.9 KZ Buchenwald, Sachsenhausen, Dachau

Die Konzentrationslager Buchenwald, Sachsenhausen und Dachau dienten im NS-Lagersystem zunächst der Aufnahme politischer Gegner des Regimes, später dann von Kriegsgefangenen. Natürlich gehörten zu den „rassisch und sozial Minderwertigen" in der NS-Terminologie auch jüdische Menschen, diese waren in allen drei KZ allerdings in der Minderheit. So finden sich unter den Ahlener Opfern mit Marga Spiegels Vater Siegmund Rothschild sowie Alfred Loe (s. Kap. 2.6) nur drei Juden. Weitere Inhaftierte s. in den Kap. 4 und 5.

Ostbredenstraße 41

HIER WOHNTE
SIEGMUND ROTHSCHILD
JG. 1882
VERHAFTET 14.6.1938
SACHSENHAUSEN
ERMORDET 12.7.1938

Oststraße 31

HIER WOHNTE
HERMANN WEINBERG
JG. 1891
VERHAFTET 17.11.1938
DACHAU
TOT 1941

Über das Ahlener Kaufmannsehepaar Weinberg s. Kap. 2.4.2.

2.10 „Flucht in den Tod"

Das Ahlener Ehepaar Freund sah in seinem Schicksal keinen anderen Ausweg als den Freitod. Die Wendung „Flucht in den Tod" ist die dafür vorgesehene Stolpersteininschrift. Über das Leben des letzten Synagogenvorstehers und seiner Frau Olga, geb. Metzger, siehe Gummersbach, S. 237 ff.

Im Kühl 21

HIER WOHNTE
ALBERT FREUND
JG. 1882
GEDEMÜTIGT/ENTRECHTET
FLUCHT IN DEN TOD
BERLIN 12.10.1942

Albert Freund (*22.1.1882 in Rüthen-Oestereiden) war vermutlich Jenny Metzgers Bruder (s. Kap. 2.7).

HIER WOHNTE
OLGA FREUND
GEB. METZGER
JG. 1876
GEDEMÜTIGT/ENTRECHTET
FLUCHT IN DEN TOD
BERLIN 12.10.1942

Olga Freund, geb. Metzger am 3. Juni 1876 in Heiden, war vermutlich Albert Metzgers ältere Schwester (s. Kap. 2.7).

2.11 Flucht und Überleben

2.11.1 Ahlen „weltweit"

In der ersten Dekade des neuen Jahrtausends fand ein Umdenken statt mit dem Ergebnis, Stolpersteine auch für **überlebende Naziopfer zu** verlegen. Dahinter steckt die Überlegung, dass der Opferstatus nicht notwendigerweise an den Verlust des Lebens gebunden sei. Viele Verfolgte haben sich dem NS-Regime durch Flucht entzogen. Flucht jedoch sei eine Reaktion auf Verfolgung und geschehe demzufolge nicht freiwillig. Deshalb werden Personen, die ab 1933 aus Deutschland fortgezogen sind, fortan als Opfer gewertet und sind demzufolge „stolpersteinwürdig".

Die Liste derjenigen, die sich den Nazis erfolgreich entziehen konnten, ist zum Glück nicht klein. Dabei sind denen, die in Palästina Zuflucht fanden, sowie den Menschen, die hofften, durch die Flucht in die Niederlande wäre ihr Leidensweg zu Ende, eigene Kapitel gewidmet.

Über die von den Nazis ausgelösten weltweiten Fluchtbewegungen europäischer Jüd/-innen gibt es eine breite Sach- und belletristische Literatur, an dieser Stelle sei an die Ahlener Opfer gedacht, die den Krieg inner- und außerhalb Deutschlands überlebten.

Oststr. 18

HIER WOHNTE
JULIUS ROLLMANN
JG. 1879
FLUCHT 1939
BRASILIEN

Der Kaufmann Julius Rollmann (*25.5.1879 in Ahlen) lebte mit seiner Frau **Emma**, geb. **Steinberg** am 6.7.1890 in Brenken, und Sohn Walter (s.u.) in der Oststraße 45, heute 18. Dort war 1937 laut Standesamtseintrag auch Tochter **Loni** (*5.9.1915 in Ahlen) gemeldet. Loni heiratete 1937 in Ahlen den Bochumer Studenten **Werner Herzfeld** (*24.4.1914), der zu der Zeit in Berlin lebte. Sie zog nach ihrer Heirat nach München und lebte nach dem Krieg in New York. Julius und Emma zogen am 17.6.1938 nach Hamm, Julius war im gleichen Jahr zeitweise im KZ Sachsenhausen inhaftiert. Er starb am 11.10.1953 in Rio de Janeiro.

Auch Berta Hamme (s. Kap. 2.4.6) wohnte im gleichen Haus, sie war vermutlich Julius' Schwester.

Julius Rollmann war 1907 der einzige jüdische Schützenkönig in der langen Geschichte des Ahlener Bürgerschützenvereins. Als Königin an seiner Seite stand die Hoteliersgattin Frau Niederberghaus.

In den langen Mitgliederlisten des seit 1688 bestehenden Schützenvereins ist Rollmann der einzige offensichtlich jüdische Name. Ob es Aufnahmebeschränkungen für Juden gab, ist nicht bekannt, immerhin zierte schon 1932 – ein Jahr vor der Machtübernahme der Nazis – erstmalig ein Hakenkreuz den Königsorden ...

HIER WOHNTE
WALTER ROLLMANN
JG. 1913
FLUCHT 1934
USA

Walter Rollmann (*9.2.1913 in Ahlen) besuchte von 1923 bis 1928 das Ahlener Realgymnasium und zog 1929 nach Köln.

Über die anderen genannten Mitglieder der Familie Rollmann liegen keine weiteren Informationen vor, genauso wenig wie über eine mögliche verwandtschaftliche Beziehung zu **Frieda Herzfeld**, geb. Rollmann (s. Kap. 2.12.3).

Eine Entschädigungsakte existiert zudem für **Johanna Löwenthal**, geb. Rollmann am 2.2.1868 in Hoetmar. Sie wurde am 29.7.1942 von Dortmund aus nach Theresienstadt deportiert, am 23.9. weiter ins Vernichtungslager Treblinka. Da ein Todesdatum nicht überliefert ist, wurde es auf den 8.5.1945 festgelegt. Auch ihre verwandtschaftlichen Beziehungen sind unklar.

Gleiches gilt für **Heinz Rollmann** (*17.8.1900), er starb am 26.5.1954 in Hamm. Seine Entschädigung wurde beantragt durch Ehefrau Hildegard, geb. Apohr.

Zu ergänzen ist aus den Akten des Kreisarchivs **Friedrich Rollmann** (*25.4.1909 in Haag/Niederlande); er war Schüler am Ahlener Realgymnasium und wohnte in der Oststraße 45 (heute 18) bei dem Ehepaar Rollmann. Als Eltern sind **David** und **Berta Rollmann** aus Düren angegeben. Möglicherweise ist Friedrich als Schüler von 1919 bis 1926 bei Ahlener Verwandten (Onkel?) untergekommen. Nach dem Ende seiner Schulzeit zog er nach Köln.

Oststraße 52

HIER WOHNTE
ADOLF ROSENBERG
JG 1896
FLUCHT 1937
USA

HIER WOHNTE
ERNA ROSENBERG
GEB. HERTZ
JG 1908
FLUCHT 1937
USA

HIER WOHNTE
ROLF ROSENBERG
JG 1932
FLUCHT 1937
USA

„Die Familie Rosenberg war in der männlichen Linie seit dem 17. Jh. in Ahlen ansässig. Adolf R. war Schüler des humanistischen Gymnasiums in Hamm. Mitte 1915 meldete er sich als Kriegsfreiwilliger … Er erhielt das EK II und die ungarische wie österreichische Verdienstmedaille. Er war Eigentümer des Hauses Oststraße 9 … Nach dem Tod des Vaters 1932 wurde er Inhaber der Fa. ‚Philipp Rosenberg, Getreide- und Düngemittelgroßhandlung' … und bei der Neuwahl im gleichen Jahr Vorsteher der Synagogengemeinde" (Möllenhoff/Schlautmann/Overmeyer, S.356 f.). Wegen existenzbedrohender Umsatzrückgänge verlegte er seinen Wohnsitz im Januar 1936 nach Münster, im März wurde sein Vermögen durch eine „Sicherungsanordnung" gesperrt. Adolf Rosenberg verließ vermutlich im Dezember 1937 Deutschland mit Hilfe einer illegalen Organisation und ließ sich mit seiner Familie zunächst in Den Haag nieder. Am 6. Dezember 1938 wurde er aus dem Deutschen Reich ausgebürgert und zeitweise auf der Isle of Man interniert. Auf einem Getreidedampfer gelangte er schließlich mit Frau Erna und Sohn Rolf (s.u.) über Uruguay in die USA. Er starb 1977 (s. ebenda, S. 357 f., *vermutlich in Forest Hills, d.V.)*. Adolf, Johanna Weinberg (s. Kap. 2.4.1), Regina Strauß (s. Kap. 2.4.4) und Karl (s.u.) waren Geschwister. Über Mutter Anna s. Kap. 2.4.4.

Gojny erwähnt zudem das Brüderpaar **Adolf und Julius Rosenberg**, die gemeinsam die 1922 gegründete Schuhfabrik Salta GmbH leiteten und 1937 den Betrieb trotz allgemein florierender Wehrmachtsproduktion einstellen mussten (s. Gojny 2005, S. 64). Schorfheide spricht hingegen von Adolf Rosenberg und Julius Rollmann (s.o.) als Firmenleiter (s. Schorfheide 1996, S. 43). Inwieweit es sich hier um identische oder weitere Familienmitglieder handelt, oder ob Namensverwechselungen vorliegen, ist unklar.

Abb. 32: Das Geschäftshaus Rosenberg in der Oststraße um 1909

HIER WOHNTE
KARL ROSENBERG
JG 1909
IM WIDERSTAND
VERHAFTET 1935
EMSLANDLAGER ESTERWEGEN
FLUCHT 1936 HOLLAND
FRANKREICH
MITGLIED DER RÉSISTANCE
BEFREIT

Über Karl ‚Carlos' Rosenberg siehe Gummersbach 2013, S. 126 ff. Er lebte zuletzt im spanischen Malaga.

Gerichtsstraße 13

HIER WOHNTE
SIEGMUND ROSENBERG
JG 1871
FLUCHT 1937
BRASILIEN

HIER WOHNTE
ERNA ROSENBERG
GEB. JACOBY
JG 1878
FLUCHT 1937
BRASILIEN

HIER WOHNTE
HILDE LANDSBERG
GEB. ROSENBERG
JG 1904
FLUCHT 1935
BRASILIEN

Die Fabrikantenfamilie Siegmund Rosenberg (*29.5.1871 in Unna), Erna geborene Jacoby am 17.1.1878 in Kamen und Tochter Hilde Landsberg, *5.11.1904 in Ahlen, floh rechtzeitig nach Brasilien, wo der Vater 1941 und die Mutter 1952 starben. Tochter Else Winter (s. Kap. 2.8) starb in Auschwitz, Tochter Erna, *1.7.1900, starb im Alter von zwei Monaten.

In den Entschädigungsakten des Kreises Warendorf taucht schließlich **Johanna Rosenberg** (*24.2.1870, ledig) auf, sie meldete sich am 18.6.1931 aus

Ahlen mit unbekanntem Ziel ab. Ihre Zugehörigkeit zu einem der Familienzweige der Rosenbergs ist unklar.

Weststraße 73 (Muesmann'sches Haus)

HIER WOHNTE
SELMA SIMON
GEB. SPIEGEL
JG. 1884
FLUCHT 1939
ARGENTINIEN

HIER WOHNTE
ERNST SIMON
JG. 1877
FLUCHT 1939
ARGENTINIEN

In den Ahlener Vorkriegsadressbüchern wird neben Ernst Simon die Schwester seiner Frau Erna, Regina Spiegel, als „Händlerin" aufgeführt. Diese Spiegels sind 1910 aus Kamen nach Ahlen gezogen (s. Gummersbach 2013, S. 132).

HIER WOHNTE
REGINA SPIEGEL
JG. 1886
FLUCHT 1939
MAROKKO
FLÜCHTLINGSLAGER TANGER
TOT JAN. 1941

HIER WOHNTE
HEINZ SIMON
JG. 1909
FLUCHT 1933
FRANKREICH

Heinz Simon trat 1941 in die französische Fremdenlegion ein und wohnte nach dem Krieg in Gennevilliers, Dép. Hauts-de-Seine nahe Paris.

HIER WOHNTE
TRUDE LICHTENFELS
GEB. SIMON
JG. 1912
FLUCHT 1936
ARGENTINIEN

Trude Lichtenfels, geb. Simon am 3.6.1912, lebte in Buenos Aires. Trude und Heinz waren die Geschwister von Adele (s. Kap. 2.8) und Erna Loe (s. Kap. 2.6). Über die Lebenssituation und dramatische Flucht von Angehörigen der Ahlener Familie Simon siehe ausführlich Gummersbach 2013, S. 132 ff.

Westenmauer 10

HIER WOHNTE
HERBERT TINT
JG. 1924
FLUCHT 1939
ENGLAND

Herbert Tint war der Sohn des Lehrers Adolf und seiner Frau Amalie, s. Kap. 2.4.3.1. Ihm wurde nach eigenen Angaben 1935 der Zugang zum Ahlener Gymnasium „aus rassischen Gründen“ verwehrt.

Klosterstraße 13

HIER WOHNTE
BENJAMIN MENDEL MOSZKOWICZ
JG. 1890
FLUCHT 1938
ARGENTINIEN

Benjamin, *15. August 1890 in Skierniewice südwestlich von Warschau, starb am 24. Juni 1960 in Buenos Aires. Über die Flucht von Imos Vater und seine Absichten s. Gummersbach 2013, S. 215 f.

In den Akten des International Tracing Service (ITS), Bad Arolsen, gibt es noch einen zweiten **Benjamin Moszkowicz**, *12.7.1888 in Warschau, ausgewandert am 25.3.1938 nach Buenos Aires (Calle Alex Margirana Carventes 1865). Auch für ihn ist die letzte Adresse Ahlen, Klosterstraße 13, verzeichnet. Laut Auskunft von Daniela Ebenbauer, der Tochter Imo Moszkowicz', ist eine zweite Person dieses Namens mit derart enger Datenverwandtschaft unwahrscheinlich.

HIER WOHNTE
IMO MOSZKOWICZ
JG. 1925
DEPORTIERT 22.4.1942
IZBICA
AUSCHWITZ
TODESMARSCH
BEFREIT LIBEREC 10.5.1945

Yoster und Wanninger

Ich gebe zu, vor meiner beruflichen Laufbahn in Ahlen hatte ich von Imo Moszkowicz, inzwischen immerhin Ahlener Ehrenbürger, noch nie gehört. Dachte ich! Denn zwei Vorabendserien aus der Frühzeit des deutschen Fernsehens gingen auf seine Regiearbeit zurück: „Graf Yoster gibt sich die Ehre" und „Die seltsamen Methoden des Franz-Josef Wanninger", die eine mit den unvergessenen Lukas Ammann und Wolfgang Völz, die andere mit dem wunderbar kauzigen Beppo Brem und seinem Assistenten Fröschl, gespielt von Maxl Graf. Beide Serien waren in meiner Familie außerordentlich beliebt, meine Erinnerung daran sehr lebendig.

Viel später wunderte ich mich über die Aussprache des Namens, der nach den phonetischen Regeln des Polnischen eigentlich auf –witsch enden müsste. Dazu Imos Tochter Daniela: „Eigentlich spricht sich unser Name Moschkówitsch – mein Vater war ja einer der Gründerväter des Deutschen Live Fernsehens. Die Ansager/-innen konnten den Namen nie richtig aussprechen – es hat sich dann eingebürgert, Móschkowitz zu sagen. Also ein sehr trivialer Grund" (Korrespondenz mit Daniela Ebenbauer im Juni 2020).

Ostbredenstr. 41

HIER WOHNTE
MARGA SPIEGEL
GEB. ROTHSCHILD
JG. 1912
UNFREIWILLIG VERZOGEN
1943 HERBERN
VERSTECKT ÜBERLEBT

Abb. 33: Marga Spiegel

HIER WOHNTE
SIEGMUND SPIEGEL
JG. 1899
UNFREIWILLIG VERZOGEN
1943 WERNE
VERSTECKT ÜBERLEBT

HIER WOHNTE
KARIN SPIEGEL
JG. 1938
UNFREIWILLIG VERZOGEN
1943 HERBERN
VERSTECKT ÜBERLEBT

Die Familie wohnte seit Mai 1945 wieder in Ahlen, hier wurde 1946 Sohn Daniel geboren. Marga Spiegel starb am 11.3.2014 in Münster, ihr Mann Siegmund am 24.2.1982. Tochter Karin heiratete einen amerikanischen Soldaten und lebte mit ihrem Mann und zwei Kindern in den USA. Sie starb in New Jersey am 23.5.2005. Über das Leben und Überleben der Familie Spiegel s. Marga Spiegel 1999.

Ich habe Marga Spiegel erst sehr spät persönlich kennengelernt. Natürlich kannte ich sie „aus der Ferne", und gelegentlich liefen wir uns in Münster über den Weg. Miteinander zu tun bekamen wir erstmals anlässlich der Stolpersteinverlegung für Imo Moszkowicz' Familie im Dezember 2008, ich hatte den Auftrag, sie einzuladen und ihren Besuch in Ahlen zu organisieren. In Erinnerung blieb mir eine Dame weit in den Neunzigern von großer Wachheit und Zugewandtheit. Ihre Ausstrahlung, der man sich nicht entziehen konnte, der sie sich aber auch sehr bewusst war, war inzwischen sprichwörtlich. Die Aura, die sie umgab, genoss sie sichtlich. Sie war eine „Diva", deren Schrullen man bereitwillig in Kauf nahm, eine Prominenz, die oft und gerne Hof hielt. Ich erinnere mich, wie sie nach der Einsetzung der Moszkowicz-Steine in der Klosterstraße sich darüber beugte, um die Anordnung zu begutachten. Welch eine Erleichterung, als sie schließlich zufrieden nickte!

Ich wusste in groben Zügen von ihrem Schicksal, habe sie aber nie als Jüdin wahrgenommen. Die Gesichter der jüdischen Gemeinde in Münster waren für mich immer andere. In Ahlen war Marga Spiegel, die Erinnerung an sie, die Organisation von Veranstaltungen, immer anderen Personen vorbehalten. Das war für mich sehr bequem, aber so wurde ich nie zum „Spiegel-Experten" – bis Marga selbst schließlich einen Stein erhalten sollte! So sah ich mich veranlasst, zumindest zu versuchen, die familiären Beziehungen der Ahlener Spiegels etwas zu entwirren. Ein nahezu hoffnungsloses Unterfangen, zumal

Offenbar gab es mit Franz Josef Moszkowicz, *10.2.1925 in Ahlen, noch ein weiteres Kind, das aber nur ein halbes Jahr alt wurde.

Am 20.11.1925 heirateten Jenta Moszkowicz und Josef Necas, der offenbar gleichfalls tschechischer Herkunft war. Nachkommen dieser Ehe waren – neben dem unehelichen Kind Jakob – die „halbjüdischen" Geschwister Josef (*9.3.1926) und Anneliese, *13.1.1928, beide in Ahlen.

Jenta Necas und Grete Untiedt (s.u.) waren offenbar im November 1939 die letzten verbliebenen jüdischen Menschen in Ahlen (s. Gummersbach 1984, S. 72). Allerdings lebte Jenta laut Meldekarte 1936 in Werne und 1939 in Essen. Sie sowie die Kinder Josef und Anneliese wurden deportiert. Laut Auskunft von Josefs in Ahlen lebender Tochter Irene Gromes war Sohn Josef vermutlich eine Zeitlang in einem Zwangsarbeiterlager des KZ Bergen-Belsen. Über Annelieses Verfolgungsschicksal ist nichts Näheres bekannt. Warum die Mutter, deren Name später in Jetta Neckas, geb. Moschkowitz, eingedeutscht wurde, ein vergleichsweise mildes Schicksal traf, liegt möglicherweise daran, dass sie lange vor den Judenpogromen zum evangelischen Glauben übergetreten war. Alle drei kehrten nach dem Krieg nach Ahlen zurück und lebten dort bis zu ihrem Tod; der Vater hatte sich inzwischen von der Familie getrennt.

Anneliese Mischke erhielt 1961 die Bewilligung für eine Kur in Bad Pyrmont für „anerkanntes Verfolgungsleiden".

Gerichtsstr. 15

HIER WOHNTE
GRETE UNTIEDT
GEB. ROSENBERG
JG. 1898
VERHAFTET 19.9.1944
ZWANGSARBEIT KASSEL
GEFLOHEN MÄRZ 1945
ASCHEBERG
MIT HILFE ÜBERLEBT

HIER WOHNTE
HANNELORE ZANDER
GEB. UNTIEDT
JG. 1898
VERHAFTET 19.9.1944
ZWANGSARBEIT KASSEL
GEFLOHEN MÄRZ 1945
ASCHEBERG
MIT HILFE ÜBERLEBT

(Inschriftenentwurf, Stolperstein noch nicht verlegt)

Grete Untiedt war die Frau des katholischen Arztes **Julius Untiedt** (*5.6.1886 in Ahlen), ihre Töchter **Hannelore** (*13.2.1923 in Ahlen) und **Eva Henriette Uphoff** (*25.3.1930) galten als „Halbjüdinnen" und waren als solche bis zuletzt von der KZ-Deportation bedroht. Über Grete Untiedt s. Gummersbach 2013, S. 243 ff. Sie lebte zuletzt in Ahlen und starb am 24.8.1958. Hannelore Zander war wahrscheinlich Gretes Schwägerin.

Nordstraße 47

HIER WOHNTE
FRIEDA SPIEGEL
JG. 1895
FLUCHT 1936
USA

(Inschriftenentwurf, Stolperstein noch nicht verlegt)

Frieda Spiegel (*10. oder 30.10.1895 in Ahlen) lebte in ihrer Zeit in Ahlen bei der Metzgerfamilie Spiegel in der Nordstraße 47, und war vermutlich Norberts Schwester. Sie lebte laut Meldekarte zeitweise in Oberhausen und war „auf Reisen". Ihre letzte Meldeadresse war ab 1936 in Münster.

HIER WOHNTE
PHILIPP SPIEGEL
JG. 1902
FLUCHT 1939
USA

(Inschriftenentwurf, Stolperstein noch nicht verlegt)

Philipp Spiegel, vermutlich Friedas und Norberts Bruder, wurde am 2.9.1902 in Ahlen geboren, die Meldekartei führte ihn als Landwirt. Er heiratete die Jüdin **Meta Elsberg** aus Warendorf (*30.10.1907), mit der er von Oktober 1938 bis Mai 1939 in der Nordstraße lebte. Er floh am 12.5.1939 nach Brüssel und lebte nach dem Krieg wie seine Schwester in San Francisco (s. Kap. 2.4.4). Meta ging zurück nach Warendorf.

Südstr. 28

HIER WOHNTE
SELMA METZGER
GEB. SPIEGEL
JG.1894
DEPORTIERT 13.12.1941
RIGA
STUTTHOF
BEFREIT 1945

Selma Winkler, geborene Spiegel am 2.9.1894, war das vierte Kind von Johanna und Hertz Nathaniel Spiegel und Witwe Moritz Metzgers (s. Kap. 2.4.3). Ihre Lebensgeschichte wurde von Selmas Stiefenkel Martin Winkler aufgeschrieben und hier stark gekürzt und mit Akzent auf die für Ahlen relevanten Teile wiedergegeben:

Die Viehhändlerfamilie Hertz Nathaniel und Johanna Spiegel mit Selmas Geschwistern Norbert, Martha und Sara (s. Kap. 2.4.3) lebte in Ahlen in bescheidenem Wohlstand, Selma besuchte die jüdische Grundschule, später eine Privatschule. Ihr Bruder Norbert, der vier Sprachen beherrschte, übernahm den väterlichen Betrieb, musste ihn aber nach der Pogromnacht aufgeben und wurde daraufhin zur Zwangsarbeit herangezogen.

*Selma heiratete am 30.12.1919 Moritz Metzger, der zuvor – wie ihr Vater – den gesamten Ersten Westkrieg an der Westfront verbrachte. Das Paar zog 1927 nach Rheine, wo es ein Geschäft mit Chinawaren und Glasprodukten führte. Die Töchter Laura (*13.12.1920) und Eva (*28.1.1926) lebten demnach wohl nie in Ahlen. Laura erhielt auf Vermittlung ihrer in den USA lebenden Cousine väterlicherseits Käthe Katz geb. Metzger Ausreisepapiere und emigrierte im Herbst 1937. Selma und Moritz bemühten sich lange vergeblich um die Ausreise nach Südamerika. Moritz wurde in der Zeit zu Straßenpflasterarbeiten verpflichtet. Laut Eintrag vom 30. April 1939 bewohnten Selma, Moritz und Eva Metzger das „Judenhaus" Rheine, Auf dem Thie 18.*

Die in Ahlen gebliebene Mutter und die drei Geschwister wurden nach der Pogromnacht gezwungen, nach Berlin zu ziehen, wo die Deportationszüge in den Osten bereitstanden. Selma kam zu der Zeit für kurze Zeit nach Ahlen, um der Familie beim Packen zu helfen. Ihrer Bitte, mit nach Berlin zu kommen, kamen Selma und Moritz nicht nach, lediglich Eva ging mit auf die Reise. Selma und Moritz mussten sich wenig später zum Gertrudenhof nach Münster begeben, wo am 13.12.1941 der Transport ins Rigaer Ghetto abfuhr. Dort traf das Paar ihre Tochter Eva wieder.

Während Moritz im Ghetto schwer erkrankte und unter nicht geklärten Umständen am 26.4.1944 starb, überlebten Mutter und Tochter. Sie wurden auf den Evakuierungsmärschen in der Nähe des KZ Stutthof von sowjetischen Truppen befreit. Da beide als Überlebende zunächst verdächtig waren, mussten sie ihr Jüdischsein nachweisen. Selma machte sich daraufhin in der sowjetischen Armee als Krankenschwester nützlich.

Sie emigrierte 1947 zu ihrer Tochter Laura in die USA, Eva folgte ein Jahr später. Die drei Frauen lebten zunächst in New York, 1950 zogen sie ins klimatisch gemäßigtere Fort Worth, Texas. Selma heiratete dort den Juden Nathan Winkler und arbeitete in seinem Textilgeschäft in Fort Stockton, Texas. Nach Nathans Tod 1977 zog sie zu ihrer Tochter Laura und ihrem Mann Sylvan nach Burlingame, nahe San Francisco, wo sie ihre Cousine Frieda Spiegel wiedertraf. Selma starb 1989 im Alter von 94 Jahren.

Selma Metzger war die Cousine der drei Geschwister Siegmund (Marga Spiegels Ehemann; s.o.), dem Viehhändler Isidor (s. Kap. 2.4.3.1) sowie der Metzgerin Laura Spiegel von der Nordstraße (s. Kap. 2.5). Frieda Spiegel (s. Kap. 2.4.4), die Deutschland rechtzeitig verließ und in San Francisco lebte, war gleichfalls eine Cousine. Schließlich besteht eine Verwandtschaft vierten Grades auch zur Familie des Pogromopfers Siegmund Spiegel, seiner Frau Emma und den fünf Töchtern (s. Kap. 2.6).

Gartenstr. 5

HIER WOHNTE
MARIA ELISABETH CARSCH
GEB. OSTERMANN
JG. 1891
MIT HILFE VERSTECKT
ÜBERLEBT

HIER WOHNTE
INGEBORG CARSCH
JG. 1926
DEPORTIERT 1944
THERESIENSTADT
BEFREIT

Im Februar 2019 erhielt die Stadt Ahlen eine Anfrage aus Lüdenscheid. Hans-Ulrich Dillmann vom dortigen Geschichtsverein erkundigte sich nach Informationen über den Ahlener Aufenthalt von Maria Elisabeth Carsch und ihrer Tochter Ingeborg. Den nachfolgenden Text gab er zum Abdruck frei.

*Maria Elisabeth Ostermann wurde am 10. Oktober 1891 in Essen geboren. Die Eltern waren Christen, sie wurde getauft. 1921 heiratete Maria Elisabeth Ostermann den Essener Kaufmannssohn Gustav Carsch, dessen Eltern im Ruhrgebiet, Frankfurt und Düsseldorf ein Konfektionsgeschäft für „Herren- und Burschenbekleidung" betrieben. Zuvor war sie zum Judentum übergetreten. Ihr Sohn Manfred (*20.11.1922, Essen) emigrierte 1939 nach Palästina. Ihre Tochter Ingeborg „Inge" wurde am 16. August 1926 in Essen geboren. Zeitweise lebte die Familie in Lüdenscheid, wo sie ein Herrenbekleidungsgeschäft eröffnet hat und bereits im Juni 1933 gezwungen war, dieses wegen des Judenboykotts zu schließen. Die Familie zog wieder nach Essen, wo Gustav Carsch am 30. September 1938 starb. Danach wurde Maria Elisabeth Carsch mehrmals behördlich aufgefordert, ihren Übertritt zum Judentum rückgängig zu machen und sich von ihren „jüdischen Kindern" zu distanzieren. Sie weigerte sich. 1943 wurde die Wohnung, in der Maria Carsch und ihrer Tochter Ingeborg lebten, bei einem Bombenangriff zerstört.*

Mutter und Tochter beschlossen danach unterzutauchen und versteckten sich seit Mitte 1943 bis September 1944 in Ahlen, Rottmannstr. 80, in der Wohnung von Therese Münsterteicher. Im Wiedergutmachungsverfahren erklärte Ingeborg Rechmann, geborene Carsch im September 1954: „Als jedoch die Lage sich zuspitzte, tauchte meine Mutter mit mir am 15.6.1943 unter und hat auch mit mir bis zu meiner Verhaftung illegal gelebt." Therese Münsterteicher war wohl verraten, jedoch von jemand gewarnt worden. Wie sie im gleichen Verfahren in einer eidesstattlichen Erklärung aussagte: „Ich bestätige hiermit, dass Frau Carsch und ihre Tochter Ingeborg Carsch von Juni 1943 bis September 1944 bei mir ohne jegliche Papiere gewohnt haben. Im September 1944 wurde man aufmerksam. Ich wurde gewarnt. Um mich und meine Familie zu schützen, sind Frau Carsch und ihre Tochter zurück nach Essen gefahren, wo Fräulein Ingeborg Carsch das Unglück ihrer Verhaftung ereilte." Inge Carsch wurde in Essen auf dem Hauptbahnhof ergriffen und nach Theresienstadt deportiert. Erst im Mai 1945 wurde sie befreit. Nach Kriegsende kehrte sie unmittelbar nach Ahlen zurück, wo sich ihre Mutter weiterhin versteckt gehalten hatte. Therese Münsterteicher stellte den beiden Frauen ihre Wohnung zur Verfügung und bezog eine Wohnung in der gleichen Straße, allerdings auf der gegenüberliegenden Seite. In der Rottmannstr. 80 in Ahlen trafen die beiden Frauen Manfred Carsch wieder, der als Mitglied der Jüdischen Brigade als Teil der Britischen Armee nach Deutschland gekommen war auf der Suche nach seiner Familie.

Maria Elisabeth Ostermann blieb bis zu ihrem Tod in Ahlen wohnen. Sie starb am 29. Januar 1948 in der Universitäts-Frauenklinik Münster an einer schweren Krebserkrankung. Ihre Tochter heiratete und lebte mit ihrem Mann Heinrich Rechmann in Rhöndorf am Rhein. Sie starb am 22. September 1979 auf Sylt. Ihr Sohn Manfred Carsch lebte lange in Israel und seit 1957 in Kanada.

Abb. 34: Die Straßensituation Beckumer Straße/Ostbredenstraße um 1930: Die ehemalige Gartenstraße nimmt heute das Kaldewei-Betriebsgelände sowie eine Grünfläche ein.

Die Unterlagen des Lüdenscheider Geschichtsvereins sind um die Adresse Gartenstraße 5 zu ergänzen, wo die beiden Frauen sich Ende 1944 von Essen aus hin abgemeldet hatten. Eine Ahlener Bürgerin bestätigte dies, schränkte aber ein, dass ihrer Erinnerung nach lediglich Inge Carsch dort gewohnt habe. Das Haus Gartenstraße sei zu der Zeit der Wohnort von Therese Münsterteicher gewesen, die möglicherweise ihre Adresse für die Meldekarte zur Verfügung gestellt hatte.

Anekdote am Rande: Tochter Inge betrieb in Rhöndorf eine Metzgerei, die Konrad Adenauer zu ihren Kunden zählte.

Auch Hildegard Offele-Aden erwähnt Ingeborg Carsch, s. Offele-Aden 2002, Anhang.

2.11.2 Emigration und Flucht nach Palästina

Unerwartet schwierig ist die Spurensuche nach Menschen, denen die Flucht bzw. Emigration nach Palästina geglückt ist. Nach der erfolgreichen Suche nach Lilly Loewy und Hans Sänger, die mit anderen Überlebenden Ahlen im November 1985 besuchten, stellten sich keine weiteren Erfolge ein.

Im August 1933 trat ein Transfer-Abkommen zwischen der Jewish Agency, der Zionistischen Vereinigung für Deutschland und der Reichsregierung in Kraft, das die Emigration deutscher Jüd/-innen fördern sollte. Bis zum Jahresende verließen Deutschland 37.000 von ihnen mit unterschiedlichen Zielen, etwa 7.000 gingen nach Palästina. Werbung für dieses Emigrationsziel machten vor allem die jüdischen Verbände und die zu der Zeit erstarkenden zionistischen Vereine.

Auf dem Handkamp 4

HIER WOHNTE
LIBA „LILLY" LOEWY
GEB. OBARZANSKI
JG.1923
FLUCHT 1939
PALÄSTINA

Die Familie lebte in Ahlen unter dem Namen Sperling. Tochter Lilly glückte noch 1939 die Flucht, lebte als Lilly Castel in Haifa und besuchte Ahlen im November 1985.

Von der Holocaust-Gedenkstätte Yad Vashem in Jerusalem kam eine andere Auskunft: Lilly Obarzanski wurde in der Sowjetunion geboren, lebte in Ahlen, wurde im Oktober 1938 nach Polen deportiert „and was murdered in the Shoah"….

HIER WOHNTE
FAJGLA „FANNY" OBARZANSKA
JG.1916
FLUCHT 1940
PALÄSTINA

Aufgewachsen in Ahlen. Sie schloss das Lyzeum 1933 mit der Mittleren Reife ab. Ihr Vorhaben, Fremdsprachen zu erlernen, ließ sich während des NS-Regimes nicht verwirklichen. Daraufhin absolvierte sie eine kaufmännische Lehre bei der Fa. ‚Th. Althoff' in Ahlen, die sie wegen ‚Arisierung' des Geschäftes abbrechen musste. Sie zog 1937 nach Münster, wo ihre Großeltern Moses und Schmilla Klausner sowie weitere Verwandte lebten. Als Hausangestellte war sie in der Familie von Dr. Erich Simons … tätig. Sie war Mitglied im Synagogenchor. Da sie zionistisch orientiert war, unterstützte sie mit ihrem Engagement für den ‚Jüd. Nationalfond' (KKL) den Bodenerwerb in Palästina. Am 30.6.1938 verzog sie nach Berlin und heiratete dort. Im Mai 1939 flüchtete sie mit ihrem Ehemann nach England, wo sie als Dienstmädchen arbeitete. Fünf Monate später (Januar 1940) gelang ihr und ihrem Mann die Ausreise nach

Palästina. 1942 wurde ihre erste Tochter geboren, 1947 die zweite." (Möllenhoff/Schlautmann-Overmeyer, S. 324 f. Sie heiratete 1938 den Kölner Musiker **Julius Joel Goldberg**. 1995 lebte sie noch in Haifa.

HIER WOHNTE
SONJA MEYER
GEB. ZYSLA OBARZANSKA
JG. 1918
FLUCHT 1936
PALÄSTINA

Sonja Meyer, geb. Obarzanska am 24.12.1918, lebte nach dem Krieg in Jerusalem.

Gerichtsstr. 22

HIER WOHNTE
HANS SÄNGER
CHANAN SHIRUN
JG. 1914
FLUCHT 1935
PALÄSTINA

Hans Sänger (*22.6.1914 in Düsseldorf) war der Sohn des Ahlener Kaufmannsehepaares Heinrich und Elsa Sänger (s. Kap. 2.4.4). Über seinen weiteren Lebensweg siehe Gummersbach 2013, S. 123 f. u.a.; er übertrug seinen Namen ins Hebräische und lebte bis zu seinem Tode in Israel. Er wurde ein bekannter Ägyptologe und heiratete die israelische Ägyptologin Irene Grumach, *1937 in Königsberg. Hans Sänger/Chanan Shirun besuchte Ahlen im November 1985.

Klosterstr. 33

HIER WOHNTE
IZCHAK POMERANC
JG. 1893
FLUCHT 1933
PALÄSTINA

Aus dem Jahre 1956 liegt ein Antrag des Izchak Pommeranz (*15.3.1891 in Skierniewice/Polen) nach BEG (Bundesentschädigungsgesetz) vor. Auch wenn Geburtsjahr und Namensschreibweise sich von der Stolpersteininschrift unterscheiden, wird von einer Personengleichheit ausgegangen. Der Vorname

„Itzig" im Ahlener Melderegister, der auch in der Inschrift Verwendung fand, muss aus heutiger Sicht kritisch gesehen werden, da er - auch wenn im Jiddischen durchaus üblich - in der Nazizeit nicht frei von spöttischen Untertönen war. Auffällig ist der gleiche Herkunftsort wie der der älteren Moszkowicz-Generation.

Izchak arbeitete bei den Firmen Nahrath als Emaillierer und Schomaker als Klempner.

HIER WOHNTE
CHAJA POMERANC
GEB. GINK
JG. 1873
FLUCHT 1933
PALÄSTINA

Chaja Gink, *10.3.1897, stammt aus Kroky/Slowakei.

HIER WOHNTE
RIWA POMERANC
JG. 1916
FLUCHT 1933
PALÄSTINA

Riwas (*23.11.1916) Geburtsort war schwer zu entziffern, gemeint ist wahrscheinlich Mariupol in der Ostukraine.

HIER WOHNTE
SARA CHISSIM
GEB. POMERANC
JG. 1920
FLUCHT 1933
PALÄSTINA

Sara Chissim, *16.10 1922 in Ahlen (anderes Geburtsjahr in der Entschädigungsakte), lebte in Nathania, Israel.

HIER WOHNTE
ROSA JOM-TOW
GEB. POMERANC
JG.1924
FLUCHT 1933
PALÄSTINA

Rosa Jom-Tow, *27.10 1924 in Ahlen, lebte in Magdiel, Israel.

HIER WOHNTE
CHANA HOROWITZ
GEB. ANNA POMERANC
JG. 1927
FLUCHT 1933
PALÄSTINA

Chana Horowitz, *9.4.1927 in Ahlen, lebte in Ramat Gan, Israel.

HIER WOHNTE
SIMON POMERANC
JG.1929
FLUCHT 1933
PALÄSTINA

Simon, *16.2.1929 in Ahlen, lebte in Ramat Gan, Israel.

HIER WOHNTE
FAIGE LICHT
GEB. POMERANC
JG. 1931
FLUCHT 1933
PALÄSTINA

Faige Licht, *24.7.1931 in Ahlen, lebte in Magdiel, Israel.

Abb. 37: Die Stolpersteine der Familie Pomeranc in der Klosterstraße; links am Bildrand der Stolperstein für die Kranke Maria Brinkmann, die in Regensburg überlebte.

Der auffällige Familienname kommt offenbar aus dem Hebräischen, die Vornamen deuten auf einen polnisch-jiddischen Hintergrund.

Über die Ausreise der Familie Pomeranc liegt lediglich eine handschriftliche Notiz im Melderegister vor.

Oststraße 40

HIER WOHNTE
PHILIPP GUMPERT
JG. 1885
FLUCHT 1933
PALÄSTINA

HIER WOHNTE
SELMA GUMPERT
GEB. LOEWENSTEIN
JG. 1884
FLUCHT 1933
PALÄSTINA

HIER WOHNTE
REGINA GUMPERT
JG. 1910
FLUCHT 1933
PALÄSTINA

HIER WOHNTE
HANS JAKOB GUMPERT
JG. 1916
FLUCHT 1933
PALÄSTINA

Regina (*13.9.1910 in Ahlen) und Hans Jakob (*26.10.1916) waren die Kinder des Kaufmannsehepaares Philipp (*25.12.1885 in Ahlen) und Selma, geb. Loewenstein am 21.9.1884 in Groß-Reken. Hans Jakob besuchte das Ahlener Realgymnasium in den Jahren 1926 bis 30 und floh mit seiner Familie 1936/37 nach Palästina, wo sie sich in Kfar Shmaryahu/Tel Aviv niederließ. Selma Gumpert starb am 14.7.1948, Philipp am 12.12.1971.

Beckumer Straße 46

HIER WOHNTE
FRIEDA FALKENSTEIN
GEB. WINDMÜLLER
JG. 1892
FLUCHT 1938
PALÄSTINA

HIER WOHNTE
HERMANN FALKENSTEIN
JG: 1883
FLUCHT 1938
PALÄSTINA

HIER WOHNTE
LIESEL FALKENSTEIN
JG. 1925
FLUCHT 1938
PALÄSTINA

Die Familie Hermann (*26.9.1883 in Hochneukirch, Kreis Grevenbroich) und Frieda Falkenstein (*18.5.1892 in Ahlen) floh mit Tochter Liesel, *23.11.1925, (laut VVN mit einer weiteren Person) Ende Oktober 1938 nach Palästina (s. Gummersbach 2013, S. 140; zur Familie Windmüller s. Kap. 2.12.1).

Westenmauer 10

HIER WOHNTE
RAUL SAUL HIRSCH
JG. 1876
FLUCHT 1937
PALÄSTINA

HIER WOHNTE
ANNA GOLDSCHMIDT
JG. 1896
FLUCHT 1937
PALÄSTINA

(Inschriftenentwürfe, Stolpersteine noch nicht verlegt)

Der Kaufmann Raul Saul Hirsch, *15.10.1876 in Bydgoszcz-Fordon (ehemals Bromberg, Pommern), und seine zweite Frau Anna Goldschmidt, *1.6.1896 in Lügde, Kreis Höxter, zogen 1928 von Hamm nach Ahlen und wohnten zuletzt an der Westenmauer 10. Laut Meldekarte zogen sie nach Chadera, Palästina.

Klosterstraße 24

HIER WOHNTE
BERNHARD STREITER
JG. 1894
FLUCHT 1937
PALÄSTINA

HIER WOHNTE
MALWINE STREITER
GEB. MENASGES
JG. 1904
FLUCHT 1937
PALÄSTINA

(Inschriftenentwürfe, Stolpersteine noch nicht verlegt)

Das Kaufmannsehepaar Bernhard, *19.4.1894 in Kolomyia/Westukraine, früher Kolomea/Österreichisch-Galizien, und Malwine „Melanie" Streiter, *23.10.1904 in Wien, wohnten zeitweise Im Kühl 2, welches ihre letzte Ahlener Adresse war, ist unklar.

In einer Liste „der vor 1933 in Ahlen wohnhaft gewesenen Juden und welche vor dem Naziterror ins Ausland flüchteten", legte die Vereinigung der Verfolgten des Nazi-Regimes (VVN) am 9. Oktober 1947 die folgenden weiteren Namen vor:

- **Hugo Rosenberg**
- Familie **Rollmann**, fünf Personen
- Familie **Spiegel**, sieben Personen

2.12 Jüdische Opfer ohne Stolperstein

An dieser Stelle soll ehemaliger Ahlener Mitbürger/-innen jüdischen Glaubens gedacht werden, die im Laufe ihres Lebens nachweislich in Ahlen lebten. Sie erhielten aus zwei Gründen keinen Stolperstein:

- Wohnortwechsel aus privaten oder beruflichen Gründen oder (freiwillige) Emigration vor 1933; erst nach dem Machtantritt der Nazis spricht man von „Flucht“;
- letzter freigewählter Wohnort nicht zu ermitteln.

Einigen dieser Personen wurden jedoch an ihren anderen Wohnorten Steine gewidmet.

2.12.1 Die Kaufmannsfamilie Windmüller

Die Familie wohnte zeitweise in ihrem Haus Weststraße 103 (Eckhaus Westenmauer) und betrieb dort eine „Manufakturwarenhandlung“. Der letzte zu ermittelnde Adressbuchnachweis stammt aus dem Jahre 1913, allerdings war diese Geschäftsadresse auch noch 1925 gültig. Das Ehepaar hatte sieben Kinder.

Samson Windmüller
*3.10.1852 in Beckum, gestorben am 17.7.1926 (?) in Oeynhausen

Sara Windmüller
geb. Windmüller am 5.6.1852 in Beckum, gestorben am 15. März 1925 in Ahlen; Sara Windmüller entstammte einer Textilkaufmannsfamilie aus Beckum mit einer weitverzweigten Verwandtschaft im Raum Beckum - Ahlen - Münster. Ob Saras Familie mit der ihres Ehemanns Samson verwandt war, ist unklar (s. Möllenhoff/Schlautmann-Overmeyer, S. 500–504).

Betti oder Betty Nathan
geb. Windmüller am 24.7.1888; Deportation: 27. Oktober 1941 ab Düsseldorf, Ghetto Litzmannstadt; ermordet: Sept. 42 Kulmhof (Chełmno), Vernichtungslager.

Betty Nathan zog mit ihrer Eheschließung 1914 nach Langenberg. Dort liegt zu ihren Ehren auf dem Nathanplatz ein Stolperstein. Der Platz wurde nach dem Ehepaar Betty und **Adolf Nathan** benannt.

Clara David
geb. Windmüller am 12.10.1885; Deportation: 25. Juli 1942 ab Aachen-Düsseldorf, Ghetto Theresienstadt; ermordet: 18. März 1943, Ghetto Theresienstadt

Clara David zog mit ihrer Eheschließung 1910 nach Wesel. Zu ihren Ehren wurde dort am 10.11.2010 ein Stolperstein in der Bismarckstraße 8 verlegt.

Zur Familie Windmüller gehören weiterhin die alle in Ahlen geborenen Geschwister von Betti und Clara:

- **Jeannette Jacoby**, *10.7.1884, gest. 25.10.1942 in London
- **Lina Windmüller**, *4.3.1887, gest. 5.9.1893 in Ahlen
- **Salomon Windmüller**, *21.1.1890, gest. 9.12.1953 in Shave Zion, Israel; verheiratet mit **Lotte Windmüller, geb. Samson** am 11.9.1903 in Essen.
- **Frieda Falkenstein**, geb. Windmüller am 18.5.1892, gest. 4.8.1950 in Nahariya, Israel (s. Kap. 2.11.2)
- **Leopold Ludwig Windmüller**, *29.7.1894, gest. Juli 1967 in Santiago de Chile

In einer Katasterkarte vom 6.2.1935 wird das Ehepaar Frieda und Hermann Falkenstein als Eigentümer des Hauses Weststraße 103 genannt, obwohl es 1932 zwangsversteigert wurde. Die Karte wurde überschrieben mit dem neuen Eigentümer, Metzgermeister Heinrich Münstermann. Im Oktober 1935 zog das Ehepaar Falkenstein in die Beckumer Straße 46 um. Bei der Zwangsversteigerung handelte es sich vermutlich nicht um eine Arisierung, da „Entjudungen" erst im April 1933 begannen (s.a. Kap. 2.11.2).

Für die Adresse Gerichtsstraße 31 gibt es Einträge für den Fabrikanten **Adolf Windmüller** (*18.5.1865 in Borken), seine Frau **Emilie**, geb. **Auerbach** am 24.7.1868 in Ahlen, und Sohn **Ernst**, *24.10.1895, gestorben Januar 1918 (Weltkriegsopfer?). Das Ehepaar zog 1936 nach Essen-Werden.

Abb. 39: Postkarte von 1906. Am rechten Bildrand das Windmüllerhaus, heute Eckhaus Westenmauer

Gummersbach erwähnt Adolf Windmüller, der gemeinsam mit dem Kaufmann Adolf Spiegel die Ahlener Synagogengemeinde nach dem Tod von Isaak Rosenberg von 1932 bis 1935 geleitet haben soll. Möglicherweise irrt Gummersbach hier, da Adolf Spiegel in keinem anderen Dokument auftaucht; gemeint ist vermutlich Adolf Rosenberg; s. Kap 2.11.1.

2.12.2 Annäherung an die Familie Roos-Levison

Der Name der Ahlener Familie Roos taucht ausschließlich als Geburtsname von vier Frauen auf: Auguste, Selma, Aurelie Amalie und Mathilde, geboren alle vier in Ahlen im Abstand von zwei Jahren. Ob es sich um vier Schwestern handelt, liegt nahe, kann aber nur vermutet werden.

Eine (vermutlich Hamburger) Meldekarte weist Aurelie als Ehefrau des 1934 verstorbenen **Louis Levison** aus, als ihre Eltern werden **Abraham Roos** und seine Frau **Henriette, geb. Wihl** (oder Nihl), genannt, ihre Kinder sind **Gretl** (*20.9.1898) und **Dorothea** (*16.5.1902). Auf letztere bezieht sich vermutlich ein Auswanderungsvermerk aus dem Jahre 1927 mit dem Ziel Bolivien. Die nachfolgenden Schicksalsdaten stammen aus dem Gedenkbuch des Bundesarchivs.[1]

Auguste Levison
geb. Roos am 25.2.1875 in Ahlen; wohnhaft in Bünde; Deportation ab Münster-Bielefeld am 31. Juli 1942, Ghetto Theresienstadt; ermordet am 21. April 1944 im Ghetto Theresienstadt.

Selma Raphael
geb. Roos am 14.2.1877 in Ahlen; wohnhaft in Bielefeld; Deportation: 31. Juli 1942 ab Münster-Bielefeld, Ghetto Theresienstadt 23. September 1942; deportiert nach Treblinka, Auschwitz; ermordet im Oktober 1943.

Aurelie Rahel Amalie Levison
geb. Roos am 23.2.1879 in Ahlen; wohnhaft in Bünde und in Hamburg; Emigration: 28. September 1935, Italien; Deportation: ab Hamburg; 6. Dezember 1941, Riga-Jungfernhof, Außenlager Ghetto Riga; für tot erklärt.

Mathilde Gans
geb. Roos am 18.3.1881 in Ahlen; wohnhaft in Düsseldorf; Deportation: 21. Juli 1942 ab Düsseldorf, Ghetto Theresienstadt; ermordet: 25. September 1942, Ghetto Theresienstadt.

---

[1] https://www.bundesarchiv.de/gedenkbuch/ [17.1.2023]

2.12.3 Weitere ehemalige jüdische Mitbürger/-innen

Leonore Maria Albert
geb. Kosterlitz am 22.6.1914 in Berlin wohnhaft in Berlin Emigration: 1. Juni 1933, Belgien Deportation: ab Mechelen 31. Juli 1943, Auschwitz, Konzentrations- und Vernichtungslager.

Gerda Gretel Bachrach
*2.10.1922 in Neukirchen/Ziegenhain/Hessen-Nassau; wohnhaft in Neukirchen/Ziegenhain und Neu-Isenburg Deportation: ab Kassel-Halle1. Juni 1942, Sobibór, Vernichtungslager; Todesdatum: 3. Juni 1942; Todesort: Sobibór, Vernichtungslager.

Daniel Balon
*11.12.1900 in Olkieniki (lit. Valkininkai)/Wilna/Russland; wohnhaft in Essen und Wiedenbrück; Deportation ab Düsseldorf 27. Oktober 1941, Ghetto Litzmannstadt (Łódź); Todesdatum: 25. April 1942; Todesort: Ghetto Litzmannstadt (Łódź).

Louisa Balon
geb. Hilsenrath am 23.8.1897 in Kolomea (poln. Kolomyja)/Galizien; wohnhaft in Essen und Wiedenbrück; Deportation ab Düsseldorf 27. Oktober 1941, Litzmannstadt (Łódź), Ghetto; Todesdatum: 17. April 1942; Todesort: Ghetto Litzmannstadt (Łódź).

Louisa Balon war die Ehefrau des Arbeiters Daniel Bal(l)on und wahrscheinlich die Schwester von Jeti Rybak (s. Kap. 2.4.1). Das Ehepaar wohnte bis 1928 in der Kühlstraße 14 (vermutlich Im Kühl 14) und zog dann nach Wiedenbrück.

Gertrud Blumenthal
geb. Wertheim am 11.7.1909 in Waldseite/Grafschaft Bentheim; Emigration: 30. Oktober 1935, Niederlande Internierung/Inhaftierung: 4. Oktober 1942 – 2. Februar 1943, Westerbork, Sammellager; Deportation: ab Westerbork 2. Februar 1943, Auschwitz, Todesdatum: 5. Februar 1943; Todesort: Ausschwitz; für tot erklärt.

Kurt Braunschild
*31.1.1911 in Nieheim/Höxter; Emigration: 3. Juli 1933, Niederlande; Deportation: 1942 ab Westerbork, Auschwitz; ermordet: 28. Februar 1943, Auschwitz.

Gerson Capell
*5. November 1940 in Köln-Buchheim; wohnhaft in Köln; Deportation ab Köln 7. Dezember 1941, Ghetto Riga.

Salomon Cohen
*3. Oktober 1901 in Ochtrup wohnhaft in Nordhorn; Internierung/Inhaftierung Westerbork, Sammellager; Emigration: Niederlande Deportation: 1942, Auschwitz, Konzentrations- und Vernichtungslager.

Der Händler Salomon Cohen war laut Meldekarte holländischer Staatsbürger. Er wohnte zeitweise am Lütkeweg 3 und zog 1922 nach Nordhorn.

Israel Isidar Dejong
geboren am 1.7.1883 in Ahlen/Westfalen.
Drei Jugendliche einer Leipziger Oberschule wandten sich im November 2019 an die Stadt Ahlen mit der Bitte um Informationen über Israel Isidar Dejong, für den in Leipzig ein Stolperstein verlegt werden sollte. Das Geburtsregister enthielt folgende Angaben:

Die Ahlener Hebamme Elisabeth Mormann, geb. Bußmann, zeigte an, dass von der **Maria Dejong, geb. Markus**, wohnhaft in Groningen (NL) und ihrem Ehemann **Isaac Dejong**, beide jüdischen Glaubens, „ein Kind männlichen Geschlechts geboren worden sei, welches den Vornamen Israel erhalten habe". Offenbar wurde die Ausstellung der Urkundenkopie nötig anlässlich der zweiten Eheschließung des Israel Dejong 1934 in Leipzig. Weitere Daten waren weder im Ahlener Standesamt noch im Kreisarchiv noch im Gedenkbuch zu ermitteln.

Iwan Goldschmidt
*6. Juli 1894 in Lübeck; wohnhaft in Fulda; Emigration: 30. Dezember 1938, Belgien, Frankreich Deportation: ab Drancy 14. August 1942, Auschwitz, Konzentrations- und Vernichtungslager.

Erwin Goldschmidt
*10. Mai 1923 in Grevesmühlen/Schönberg/Mecklenburg; Internierung/Inhaftierung: 10. Mai 1940 – 15. Mai 1940, Belgien, Inhaftierung/Emigration: Belgien; Deportation: Saint Cyprien, Internierungslager 1942, Drancy, Sammellager 14. August 1942, Auschwitz, Konzentrations- und Vernichtungslager; Todesdatum: 11. Oktober 1942; Todesort: Auschwitz, Vernichtungslager.
Die jüdische Familie des Lehrers Iwan Goldschmidt und seiner Frau **Ida de Leve**, geb. am 13.1.1891 in Wittmund, wohnte mit dem gerade geborenen Sohn Erwin seit 1924 in der Südstraße 8 und der Mainstraße (?) 10, im Mai 1931 zogen sie um nach Ziegenort, Kreis Ueckermünde.

Frieda Friederika Herzfeld
geb. Rollmann am 16.8.1888 in Ahlen; wohnhaft in Düsseldorf; Flucht: 27. Oktober 1937, Niederlande; Internierung/Inhaftierung: 19. Januar 1942 – 2. Februar 1943,Westerbork, Sammellager; Deportation ab Westerbork: 2. Februar 1943; Auschwitz, Vernichtungslager; ermordet: 5. Februar 1943, Auschwitz, Vernichtungslager.

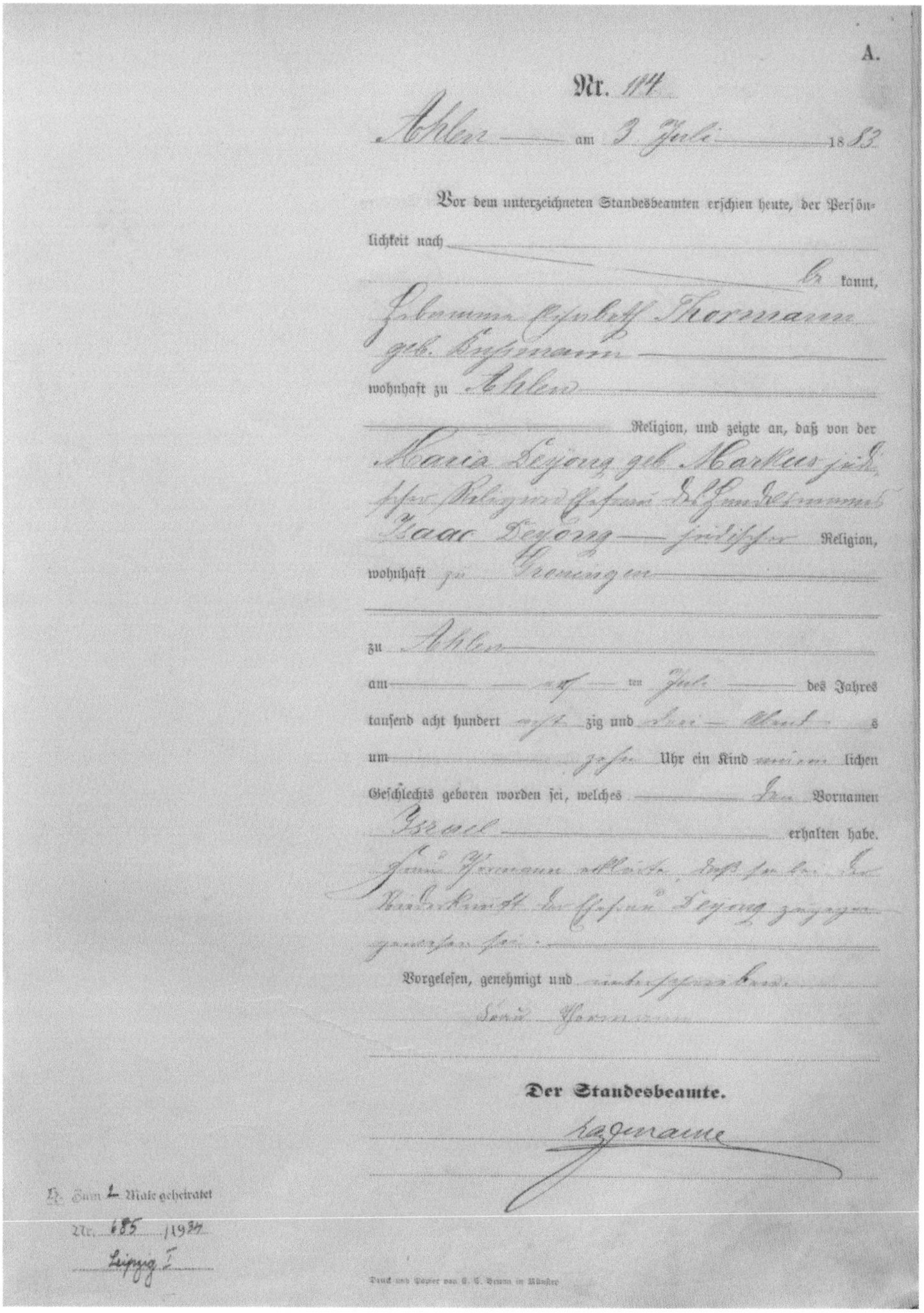

A.

Nr. 114

Ahlen am 3 Juli 1883

Vor dem unterzeichneten Standesbeamten erschien heute, der Persönlichkeit nach [illegible] kannt,

Hebamme [illegible] Thormann geb. [illegible]

wohnhaft zu Ahlen

[illegible] Religion, und zeigte an, daß von der

Maria Dejong geb. [illegible] jüdischer Religion [illegible]

Isaac Dejong jüdischer Religion,

wohnhaft zu Groningen

zu Ahlen

am [illegible] ten Juli des Jahres

tausend acht hundert acht zig und drei

um [illegible] Uhr ein Kind [illegible] lichen

Geschlechts geboren worden sei, welches [illegible] Vornamen

Israel erhalten habe.

[illegible] Dejong [illegible]

Vorgelesen, genehmigt und unterschrieben

[illegible]

Der Standesbeamte.

[illegible]

[illegible] Mai geheiratet

Nr. 685 / 1934

Leipzig I

Druck und Papier von [illegible] in Münster

Abb. 40: Geburtsurkunde von Israel Isidar Dejong

Im Kreisarchiv ist ferner die Auswanderung nach Palästina 1938 belegt für **Werner** und **Leoni Herzfeld**, geb. Kottmann.

Vera Isay
*15.3.1928 in Göttingen; wohnhaft in Münstereifel und Köln; Deportation: ab Köln 22. Oktober 1941, Ghetto Litzmannstadt (Łódź); für tot erklärt.

Bertha Jacobs
geb. Rosenberg am 30. November 1861 in Ahlen, wohnhaft in Werlte; Deportation: 31. Juli 1942 ab Münster - Bielefeld, Ghetto Theresienstadt; ermordet: 27. August 1942, Ghetto Theresienstadt.

Jakob Julius Katz
*21.6.1889 in Diemerode/Rotenburg/Hessen-Nassau; wohnhaft in Unna und Beckum; Deportation: ab Dortmund 30. April 1942, Ghetto Zamość.

Käthe Katz, eine Nichte Moritz Metzgers (s. Kap. 2.11.1 unter „Selma Metzger"), war möglicherweise eine Verwandte.

Ludwig Kaufmann
*23.5.1882 in Ahlen; wohnhaft in Münster/Westf.; Deportation: 13. Dezember; 1941 ab Münster - Osnabrück - Bielefeld, Ghetto Riga; ermordet: Auschwitz, Vernichtungslager.

Ludwigs Vater **Simon Kaufmann** (*3.1.1839 in Brühl) starb 1908 in Ahlen, seine Mutter war **Paula Ems** (*18.7.1857 in Rheda), seine Geschwister **Albert** (*19.3.1884 in Ahlen, gest. 16.1.1938) und **Bertha** (*11.7.1887 in Ahlen.

Ludwig besuchte von 1888 bis 1895 die jüdische Schule und lebte ab etwa 1910 als Rechtsanwalt und Notar in Münster (s. Möllenhoff, S. 233 f.). Zu seinen Ehren wurde ein Stolperstein in Münster, Mauritz-Lindenweg 29, verlegt.

Abb. 41: Der Münsteraner Rechtsanwalt Ludwig Kaufmann stammte gebürtig aus Ahlen.

Julius Löwenberg
*10.2.1896 in Ahlen; wohnhaft in Ochtrup; Emigration: Borculo, Niederlande; Deportation: 1942, Auschwitz, Vernichtungslager; ermordet: 31. März 1944

Wilhelm Löwenberg (Sohn von Julius L.)
geboren am 14.8.1926 in Ochtrup; Flucht in die USA, San Francisco

Hedwig Löwenstein
geb. Rosenberg am 31.1.1881 in Ahlen; wohnhaft in Unna; Deportation: 29. Juli 1942 ab Dortmund, Ghetto Theresienstadt; ermordet: 20. November 1942, Ghetto Theresienstadt

Wilhelm Ottenstroer
*24.9.1871 in Ahlen; wohnhaft in Hamburg; Flucht in den Tod am 20. August 1943

Max Rattenbach
*4.6.1923 in Düsseldorf; Emigration: 26.1. oder 28.7.1937, Niederlande; Deportation: 1941 ab Westerbork, Auschwitz, Vernichtungslager; ermordet: 30. September 1942, Auschwitz, Vernichtungslager

Ludwig Silberberg
*26.10.1889 in Wadersloh; wohnhaft in Hannover; Deportation: ab Hannover 15. Dezember 1941, Ghetto Riga; Salaspils, Arbeitserziehungslager; Todesort: Salaspils

Adolf Spiegel
*27.2.1870 in Drensteinfurt; wohnhaft in Münster, Warendorf und Breslau; Deportation: ab Breslau 30. August 1942, Theresienstadt, Ghetto; Todesdatum: 3. Februar 1943; Todesort: Theresienstadt, Ghetto

Der Weichenwärter Adolf Spiegel war möglicherweise der Vater des Ahlener Gymnasiasten Horst (s. Kap. 2.12.4).

Hugo Spiegel
*28.3.1889 in Ahlen; wohnhaft in München; Inhaftierung: 10. November 1938 - 10. Januar 1939, Dachau, Konzentrationslager; Deportation: ab München; 20. November 1941, Kowno (Kaunas/Litauen), Fort IX; Todesdatum: 25. November 1941; Todesort: Kowno (Kaunas), Fort IX

Nathan Spiegel
*6.8.1882 in Ahlen; wohnhaft in Homberg a. Niederrhein, Moers und Duisburg; Deportation: ab Düsseldorf; 11. Dezember 1941, Ghetto Riga

Bertha Stern
geb. Spiegel am 21.7.1888 in Ahlen; wohnhaft in Bork, Mönchengladbach und Rheydt; Deportation: ab Koblenz-Köln-Düsseldorf; 15. Juni 1942, Sobibór, Vernichtungslager; Schicksal: für tot erklärt

Oskar Strauß
*6.1.1895 in Rödingen/Jülich; wohnhaft in Düsseldorf und Mönchengladbach; Deportation: ab Düsseldorf; 22. April 1942, Ghetto Izbica

Edith Strauß
geb. Marcus am 28.6.1899 in Dortmund; wohnhaft in Neuwied, Düsseldorf und Mönchengladbach; Deportation: ab Düsseldorf; 22. April 1942, Ghetto Izbica

Der Kaufmann Oskar Strauß lebte mit seiner Frau Edith und dem Sohn **Jürgen** (*25.8.1924 in Euskirchen) von 1926 bis 1927 in Ahlen, Hansastraße 18. Über das Schicksal des Sohnes ist nichts bekannt.

Luise Ullmann
geb. Loeb am 29.5.1882 in Köln; wohnhaft in Dortmund und Köln; Deportation: ab Köln; 15. Juni 1942, Ghetto Theresienstadt; 19. September 1942, Treblinka, Vernichtungslager; für tot erklärt

Sophie de Vries
geb. Jacobs am 21.11.1897 in Ahlen; wohnhaft in Weener; Deportation: 6. Dezember 1941 ab Hamburg, Riga - Jungfernhof; Außenlager Ghetto Riga; ermordet

Julia Woldt
geb. Rosen am 5.4.1872 in Gladbach/Düren; wohnhaft in Gladbach/Düren und Köln; Internierung/Inhaftierung: Köln-Müngersdorf, Sammellager; Deportation: ab Köln; Juli 1943, Ghetto Theresienstadt; Todesdatum: 22. Oktober 1943; Todesort: Ghetto Theresienstadt

In einer Nachkriegsliste der ermordeten Ahlener Juden und Jüdinnen erscheint schließlich **Jakob Zaretzki**. Es gibt über ihn keinen Eintrag im Gedenkbuch.

2.12.4 Jüdische Schüler am Realgymnasium

Bisher unerwähnt sind die folgenden jüdischen Schüler des Realgymnasiums (heute städtisches Gymnasium) in der Zeit 1919 bis 1948. Ob und in welchem Maße diese Jugendlichen und jungen Erwachsenen Opfer nationalsozialistischer Verfolgungen wurden, ist nicht bekannt. Es handelt sich bei allen bekannten Schülern ausschließlich um junge Männer.

Horst Spiegel
*12.11.1934
Horst wohnte in der Moltkestraße 55 und war möglicherweise der Sohn des Weichenwärters **Adolf Spiegel** (s. Kap. 2.12.3) und jüngerer Bruder von Emilia Spiegel (s. Kap. 2.13). Er besuchte 1947/48 das Gymnasium.

Werner Frank
*1.1.1919 in Ahlen
Werner war der Sohn des - vermutlich nichtjüdischen - Lehrers **Justus Frank** (*16.11.1883 (?)) und seiner Frau Margarethe, geb. Josephs (s. Kap. 4.5). Bis August 1930 wohnte die Familie, zu der noch Werners Schwestern **Irma** (*22.12.1914) und **Hanna** (*21.11.1916) gehörten, in der Keplerstraße 118 und zog dann in den Stockpiper 166 um. Die Eltern ließen sich offenbar in den 30er Jahren scheiden und wohnten fortan an verschiedenen Adressen. Justus zog am 12.10.1939 nach Aurich, Margarethe wurde nach Izbica deportiert.
Werner besuchte seit 1929 das Gymnasium. Die Tatsache, dass er die Schule in der Obertertia im September 1933 verließ, lässt darauf schließen, dass er dazu genötigt wurde. Werner war bis April 1935 am Stockpiper gemeldet, seit April 1934 wohnte er in der Frankfurter Theobaldstraße und begann am 8.4.1937 eine Ausbildung als Polsterer (?) auf einem „jüdischen Lehrgut" im Kreis Fulda-Land. Weitere Informationen liegen nicht vor.

Die vermutlichen Brüder **Erich** (*23.11.1908) und **Rudolf Steinberg** (*8.10.1913), waren gleichfalls Schüler des Realgymnasiums. Sie kamen aus Oelde.

2.13 Ahlen = „Spiegel"-Stadt

In diesem Kapitel soll der Versuch unternommen werden, die Ahlener Spiegel-Familien zu strukturieren und soweit bisher möglich für das interessierte Publikum erkennbar zu machen. Ahlen ist unverkennbar der zentrale deutsche „Spiegel"-Ort, allein 33 Ahlener Opfer des Nationalsozialismus waren Träger und Trägerinnen dieses Namens, dazu kommen mindestens zehn weitere Personen, die auf Grund fehlender Daten bisher keinen Stolperstein erhalten haben, keine Opfer des NS-Regimes waren oder die als Beantragende für Entschädigungen in Erscheinung traten.

Familiäre Beziehungen reichen oftmals weit zurück und sind heute wegen fehlender Aufzeichnungen kaum mehr nachzuvollziehen. Die Tatsache, dass einige Frauen sowohl den Geburts- als auch den Ehenamen Spiegel trugen, weist darauf hin. Ist es schon schwierig, die Lebenswege der Naziopfer nachzuvollziehen, gilt das erst recht für die vorangegangenen Generationen. Lediglich die Großeltern Abraham und Settchen Spiegel der Metzgerfamilie von der Nordstraße sind wenigstens namentlich bekannt.

Wichtige Hilfestellung leisten bei dieser Recherche neben den Lebenserinnerungen Marga Spiegels die Aufzeichnungen von Selma Metzgers amerikanischem Stiefenkel Martin Winkler. Ausgehend von den Wohnorten sind die folgenden acht „Familienzellen" auszumachen:

1) Familie **Isidor und Emma Spiegel und Kinder**, Südstraße 14
2) Familie **Siegmund und Emma Spiegel und Kinder**, Südstraße 25/19

3) Familie **Hertz Nathaniel und Johanna Spiegel und Kinder**, Südstraße 28
4) Familie **Adolf und Laura Spiegel und Kinder**, Westenmauer 10
5a) Familie **Norbert und Laura Spiegel und Kinder Alfred und Ingeborg**;
5b) Norberts Geschwister: **Henriette ‚Jettchen'** (unsicher), **Frieda, Philipp, Emma Falk**, Nordstraße 47
6) Familie **Siegmund und Marga Spiegel und Kind**, Ostbredenstraße 41
7) Die Schwestern **Regina und Erna Spiegel-Simon und Familie**, Weststraße 73
8) Familie (?) **Nathan, Nanni und Lena Spiegel**, Südstraße 25/19.

Die engste verwandtschaftliche Beziehung besteht zwischen den **Familien 1, 5 und 6**: Isidor, Laura und Siegmund waren Geschwister. Zur Familie 1 gehören zudem das Ehepaar Simon Spiegel (gest. 1922) und Sophia, geb. Heimann, sowie die Söhne Nathan (gest. 1915) und Albert (gest. 1902).

Eine Verwandtschaft vierten Grades (Onkel, Tante, Cousins/Cousinen) besteht zwischen den **Familien 2 und 3**, wo in der Eltern- oder Großelterngeneration eine Geschwisterschaft bestand, ist unklar. Familie 3 fand nach den Zerstörungen in der Pogromnacht übergangsweise Unterkunft bei Familie 2. Eine Verwandtschaft vierten Grades besteht gleichfalls zwischen der **Familie 3** und den **Familien 1, 5 und 6**, wo in der Eltern- oder Großelterngeneration eine Geschwisterschaft bestand, ist auch hier unklar.

Familie 5a und b: Emma Falk und Norbert Spiegel waren Geschwister. Eine Verwandtschaft von Frieda und Philipp Spiegel innerhalb der Familie liegt nahe, da beide zeitweise dort wohnten und nach dem Krieg die Antragstellung für die Entschädigung übernahmen. Für Frieda besteht eine Verwandtschaft vierten Grades zu **Familie 3**.

Leo Spiegel **(Familie 4)** und Inge Johanna Spiegel **(Familie 6)** waren ein Ehepaar.

Die Spiegel-Simon-Schwestern (**Familie 7**) zogen aus Kamen zu und sind nach aktuellem Kenntnisstand nicht mit den Ahlener Spiegel-Familien verwandt.

Die verwandtschaftlichen Beziehungen von **Familie 4 und 8** zu den anderen ebenso wie die der Spiegels, die bisher noch keinen Stolperstein erhielten (s. Kap. 2.12.3 und 2.12.4) liegen weiterhin im Dunkeln.

Weitere Spiegels laut Ahlener Meldekartei:

Albert Spiegel, *27.3.1898 in Kalau, Fäustelstraße 31;

Ehepaar **Irmgard, 19.5.1927, und Albert Spiegel**, *12.2.1923; Mutter **Frieda Spiegel**, geb. Kirchhardt, Am Stockpiper 156;

Die Verkäuferin **Emilia Spiegel**, *10.6.1924 in Hilders; in der Meldekarte ist „Katholikin" verzeichnet, sie wohnte - ebenso wie Horst Spiegel, Schüler am Realgymnasium (s. Kap 2.12.4) - in der Moltkestraße 55;

Maria Spiegel, *21.1.1905 in Sendenhorst, Warendorfer Straße 72.

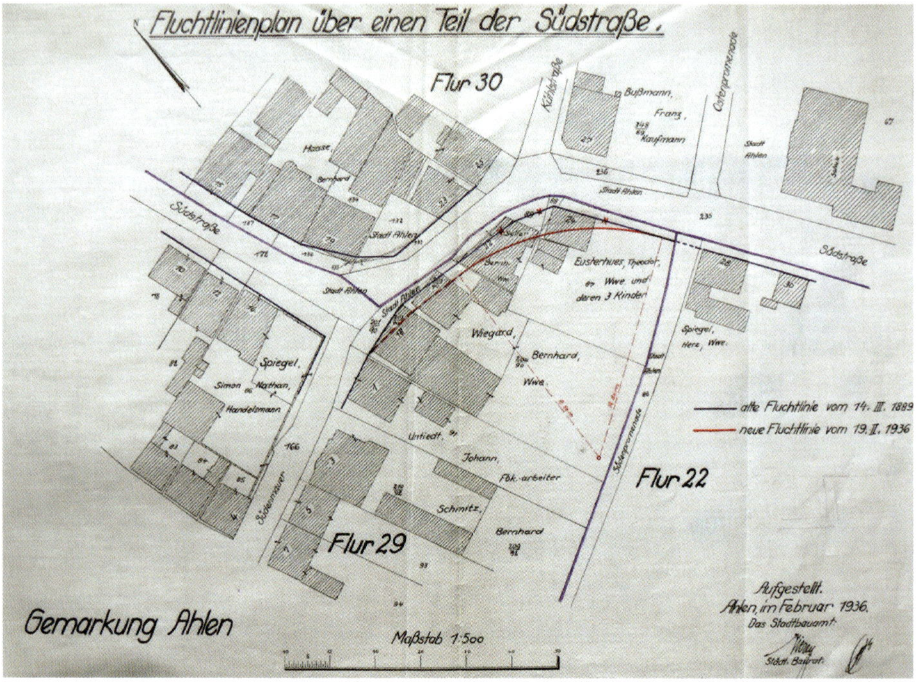

Abb. 43: Die Ahlener „Spiegel"straße

2.14 Gibt es Antisemitismus in Ahlen?

Laut einer Studie der Friedrich-Ebert-Stiftung haben 6% der Deutschen „klassische antisemitische Einstellungen", umgerechnet müssten demzufolge heute 3.300 Ahlener/-innen erklärte Judenfeinde sein.

Wie verhält sich dies zum Antisemitismus in Ahlen vor 1945?

Aus den wenigen vorliegenden Erinnerungen überlebender Ahlener Jüd/-innen machte lediglich Selma Winkler, verw. Metzger, eine Aussage zur Situation in Ahlen: Sie stellte fest, dass ihre neue Heimatstadt Rheine weitaus weniger durch Antisemitismus belastet gewesen sei als Ahlen (s. Selma Metzger Winkler Bears Witness, S. 3). Dazu passt gleichfalls, dass Berichten zufolge Ahlener Nazihorden in der Reichspogromnacht im Umland besonders

ders eifrig tätig gewesen waren, z.B. in Drensteinfurt. Dazu passt weiterhin das erklärte Ziel der örtlichen Nazis, Ahlen zur ersten judenfreien Stadt in Deutschland zu machen.

Daraus lässt sich die Schlussfolgerung ziehen, dass Ahlen im nazi-skeptischen Münsterland der Weimarer Republik offenbar eher dem judenfeindlichen Mainstream folgte. Falsch ist es jedoch, daraus eine besondere Neigung, ja eine antisemitische Tradition Ahlens bis in die heutige Zeit zu konstruieren. So mag man die o.g. theoretische Zahl glauben oder nicht, sichtbar anhand von Schmierereien im Stadtbild, Kampagnen im politischen Raum oder in sozialen Netzwerken ist sie nicht. Jüdisches Leben ist hier seit dem Nationalsozialismus verschwunden, Begegnungen mit Menschen jüdischen Glaubens finden kaum statt, jüdische Orte, an denen sich Antisemitismus entladen könnte, gibt es nicht. Warum das „internationale Judentum" schuld sein soll am Elend dieser Welt, erschließt sich auch in Ahlen nicht.

Auch gibt es keine sichtbaren Parteien oder parteiungebundenen Organisationen der neuen Rechten, nicht einmal die Alternative für Deutschland (AfD) ist - Stand Mitte 2022 - mit einer Ortsgruppe aktiv. Das war nicht immer so, doch erscheinen die Aktivitäten der Autonomen Nationalisten Ahlen (ANA) von 2006 bis etwa 2010 heute eher als bizarres, aber durchaus gewalttätiges Intermezzo der Stadtgeschichte.

Darüber hinaus sei auf die auch in Ahlen stets wache Zivilgesellschaft verwiesen, die fremdenfeindlichen, rassistischen Strömungen zuverlässig entgegentritt und in Imo Moszkowicz und Marga Spiegel heute eher Identifikationspersonen sieht. Und auch die Ahlener Partnerschaft für Demokratie aus dem Bundesprojekt „Demokratie leben", ein gut funktionierendes bürgerschaftliches Netzwerk dieser Stadt, sieht in Projekten gegen Antisemitismus derzeit nicht die Hauptaufgabe. Warum im katholischen Münsterland die AfD bundesweit mit am schwächsten abschneidet und auch die NSDAP hier nie wirklich hatte Fuß fassen können, ist ein noch lange nicht abgeschlossener Gegenstand wissenschaftlicher Forschung.

Eine ernstzunehmende Ausnahme bildet jedoch der Antisemitismus bei muslimischen Jugendlichen. Bei einer Stolpersteinführung mit einer nahezu komplett muslimischen Ahlener Hauptschulklasse verweigerten einige die Ehrerbietung vor jüdischen Holocaustopfern mit der Begründung, die Juden seien verantwortlich für das Leid der Muslime in Palästina. Kein Einzelfall, denn nur wenig später äußerte sich ein türkischstämmiger Schüler und angehender Abiturient in ähnlicher Weise.

Dabei wurde deutlich, dass muslimischer Antisemitismus in einem ganz anderen Begründungszusammenhang steht als der Rassismus, wie er in der deutschen Mehrheitsgesellschaft verbreitet ist. Er bleibt ohne Abstriche inakzeptabel, aber er erscheint aus einer persönlich empfundenen Betroffenheit erklärbar. Vielen deutschen Muslimen ist es nur schwer verständlich zu machen, dass es aufgrund der deutschen Geschichte inzwischen zur Staatsraison gehört, das Existenzrecht des israelischen Staates nicht in Zweifel zu ziehen.

Die Geschichte hat der deutschen Bevölkerung ein Erbe hinterlassen, das ihr dauerhaft eine Sonderrolle in Europa zuweist. Deutsche Muslime tragen spätestens mit dem Erhalt der deutschen Staatsbürgerschaft dieses Erbe mit und erwerben damit einen Anteil an der Verantwortung, dass Krieg und Faschismus dauerhaft aus dieser Welt verbannt werden.

Hier will ich nicht dem verbreiteten „deutschen Reflex" zum Opfer fallen, jeglichen kritischen Kommentar an Israel gleich als antisemitisch zu brandmarken. Die Kritik an der israelischen Regierungspolitik ist in einer demokratischen Gesellschaft erlaubt, und an vielen Stellen teile ich sie ausdrücklich! Nicht hinzunehmen ist jedoch, die israelische Siedlungspolitik in den besetzten Gebieten gleichzusetzen mit „jüdischer" Siedlungspolitik, weil damit pauschal unterstellt wird, eine aggressive und völkerrechtswidrige Politik sei ein Wesensmerkmal des Judentums. Diese Differenzierung wurde von den oben erwähnten Jugendlichen jedoch nicht vorgenommen, vielmehr wiesen sie den jüdischen Opfern des Holocausts in Ahlen eine Mitschuld an arabischem Leid in Palästina zu. In einem Artikel vom 30.11.2020 dokumentierte die taz einen offenen Brief palästinensischer und arabischer Intellektueller zum Antisemitismus. Darin heißt es: „Antisemitismus muss erkannt, benannt und bekämpft werden. … Die Lehren aus dem Holocaust wie auch aus anderen Genoziden der Moderne müssen fester Bestandteil in der Erziehung der nächsten Generationen sein. … Es besteht ein großer Unterschied zwischen einer Situation, in der Juden und Jüdinnen als Minderheit … ausgesondert, unterdrückt und getötet werden, und einer Situation, in der das Selbstbestimmungsrecht der jüdischen Bevölkerung in Palästina/Israel in Form eines ethnisch exklusiven und expansionistischen Staates durchgesetzt wird" (taz, 30.11.2020, S. 11). Mit dieser Position muss man nicht übereinstimmen, aber als Beitrag zu einem demokratischen Diskurs ist sie völlig legitim.

Schließlich möchte ich betonen, dass man mit den muslimischen Jugendlichen, die die Ehrung der Ahlener Jüd/-innen verweigerten, reden konnte. Eine Fähigkeit, die sie vielen kruden deutschstämmigen Antisemiten offenbar voraus haben.

3. Opfergruppe der Menschen mit Behinderungen oder psychischen Erkrankungen – „Euthanasie"

Die „Euthanasie" begann mit der denunziatorischen Entmenschlichung ihrer Opfer, die als „nutzlose Esser", „seelenlose menschliche Hüllen" verunglimpft wurden und – in den Worten der Täter – der „Ausmerzung" bedurften. „Die Barbarei der Sprache ist die Barbarei des Geistes" – und aus Worten wurden Taten.

Bundestagspräsident Dr. Norbert Lammert am 27. Januar 2017, dem Tag des Gedenkens an die Opfer des Nationalsozialismus

3.1 Vorbemerkungen

Etwa 300.000 Menschen mit Behinderungen oder psychischen Erkrankungen wurden durch die Nazis ermordet. Hinzu kamen 400.000 Zwangssterilisierte, alle wurden zu Opfern des „Gesetzes zur Verhütung erbkranken Nachwuchses", das 1934 in Kraft trat.

Der in diesem Zusammenhang häufig verwendete Begriff der „Euthanasie" kommt aus der Sterbehilfe und wird inzwischen kritisch gesehen, da er in seiner Etymologie („schöner Tod") als Euphemismus für die nationalsozialistischen Grausamkeiten verstanden wird. Gleichwohl findet er sich auch weiterhin in vielen wissenschaftlichen Texten, wird aber heute meist in Anführungszeichen gesetzt.

Auch in Ahlen gab es Opfer des nationalsozialistischen Rassenhygienegesetzes – auf den ersten Blick sogar erschreckend viele! Allein im Psychiatriearchiv des Landschaftsverbandes Westfalen-Lippe konnten 28 Personen aus Ahlen ermittelt werden, für die in der fraglichen Zeit Patientenakten existierten. Die Ersteinweisung erfolgte zumeist in die „Heil- und Pflegeanstalten" (vor 1934 „Irrenanstalten") Gütersloh, Münster oder Warstein, oft wurden die Menschen mehrfach verlegt, ehe sie den Ort ihrer Ermordung erreichten. Dabei handelte es sich in den meisten Fällen um eigens eingerichtete Tötungsanstalten, z.B. Hadamar oder Bernburg, aber auch weiter entfernt liegende Häuser in Warta oder Tiegenhof/Gnesen, beide im heutigen Polen.

Häufig wird bei „Euthanasie"-Opfern eine natürliche Todesursache angegeben. Wenn sie in Vernichtungsanstalten eingewiesen wurden und im Zeitraum 1941 bis 1945 starben, ist eine natürliche Todesursache unwahrschein-

Abb. 46: Manfred Lechtenberg (r.), Leiter des Hauses St. Vinzenz am Stadtpark, anlässlich der Verlegung im Februar 2019

3.3 Weitere Ahlener Opfer der Rassenhygiene

Die Aufarbeitung der Schicksale Ahlener „Euthanasie"-Opfer brachte ein Anruf von Michaela Wiese-Weber, Enkelin von Klemens Wiese, ins Rollen. Sie wies auf ihren Großvater hin, der in der Rottmannstraße ein kleines Lebensmittelgeschäft führte und - so ihre Vermutung - dem Rassenhygienegesetz zum Opfer fiel. Die nachfolgenden Recherchen bestätigten diese Befürchtung, es folgten zwei ertragreiche Besuche im LWL-Archiv in Münster.

Rottmannstraße 11

HIER WOHNTE
KLEMENS WIESE
JG. 1885
EINGEWIESEN 15.5.1941
HEILANSTALT GÜTERSLOH
„VERLEGT" 12.11.1943
IN DAS BESETZTE POLEN
GAUHEILANSTALT TIEGENHOF/
GNESEN
ERMORDET 21.7.1944

Den folgenden Text sandte mir Dr. Julia M. Nauhaus, freiberufliche Autorin und Lektorin, zu, die ihn im Auftrag der Firma Linon Medien KG für die WDR-App „Stolpersteine in NRW" verfasste:

Abb. 47: Klemens Wiese

Abb. 48: Das ehemalige Ladenlokal Rottmannstraße 11

Klemens August Wiese wird am 18. Februar 1885 in Ahlen geboren. Seine Eltern sind der Weber Johann Theodor Wiese und die Magd Elisabeth geborene Ellering. Beide sind katholisch und haben im Jahr zuvor, am 28. April 1884, geheiratet. Die Großväter von Klemens August Wiese haben ihren Lebensunterhalt als Arbeiter und Tagelöhner verdient.

Klemens August Wiese heiratet am 5. Oktober 1918 Maria Schlüter, die Tochter eines Schreiners. Maria hat keinen Beruf. Von 1919 bis 1938 bringt sie zehn Kinder zur Welt: sieben Söhne und drei Töchter. Der erstgeborene Sohn, Karl Klemens, fällt 1941 vor Stalingrad, eine Tochter stirbt als Säugling, die anderen Kinder leben bis in die 1990er und 2000er Jahre, zum Teil in Ahlen.

Im Geburtsregister der Stadt Ahlen wird in den Einträgen zu den Geburten der Kinder der Beruf von Klemens August Wiese angegeben: bis 1924 lautet er Fabrikarbeiter, von 1928 bis 1938 (Geburt des jüngsten Kindes) steht „Händler" im Register.

Zunächst war Klemens August Wiese in der Fabrik von Franz und Heinrich Kaldewei tätig. Die Firma ist heute einer der weltweit erfolgreichsten Hersteller von Badewannen, Duschflächen und Waschtischen aus Stahl-Email und produziert immer noch in Ahlen. Als Klemens August Wiese in der Fabrik Kaldewei arbeitet, werden Milchkannen und emaillierte Haushaltswaren hergestellt.

Später betreibt Klemens August Wiese ein eigenes Lebensmittelgeschäft. Damals nannte man dies „Kolonialwarengeschäft". Vergleichbar dürfte dies mit den sogenannten „Tante-Emma-Läden" sein. Der Geschäftsmann versorgt auch die Bauern in der Umgegend von Ahlen per Motorrad mit Waren.

Dann jedoch erkrankt Klemens August Wiese und wird zwei Mal in die „Provinzialheilanstalt" in Gütersloh zur Behandlung eingeliefert. Die erste

*Aufnahme erfolgt am 15. Mai 1941 und Klemens August Wiese bleibt bis zum 11. Januar 1943 in der Gütersloher Klinik. Nur kurze Zeit später, im Mai 1943, bringt man ihn erneut in die Heilanstalt, nachdem er versucht hatte, sich umzubringen. Im November desselben Jahres wird Klemens August Wiese als „ungeheilt" in die „Gauheilanstalt" Tiegenhof bei Gnesen, 50 km östlich von Posen, verlegt. Diese 1894 eingerichtete Anstalt wird nach dem Überfall auf Polen in das Deutsche Reich eingegliedert. Der Direktor kollaboriert mit den Deutschen und kann seinen Posten behalten. Nachdem zunächst ca. 1200 polnische Anstaltsinsass*innen in Gaswagen ermordet worden sind, kommen ab Ende 1941 Patienten und Patientinnen aus Anstalten des Deutschen Reichs nach Tiegenhof. Hier werden sie durch Nahrungsentzug und die Verabreichung von Medikamenten ermordet. Wie viele Personen genau in Tiegenhof getötet und Opfer des NS-Euthanasie-Programms wurden, ist nicht bekannt. Die Zahl der Getöteten wird auf mehrere Tausend geschätzt. Klemens August Wieses Todesdatum wird mit dem 21.7.1944 angegeben. Zu diesem Zeitpunkt ist der jüngste Sohn fünf Jahr alt und Wieses Frau Maria muss nun die neun Kinder allein durchbringen. Sie starb 1961 in Ahlen, das Lebensmittelgeschäft wurde von der Tochter Elisabeth weitergeführt.*[3]

---

3 Für freundliche Auskünfte danke ich der Enkelin und der Schwiegertochter von Klemens August Wiese, Michaela Wiese-Weber und Elisabeth Weber, dem Leiter des Kreisarchivs Warendorf, Dr. Knut Langewand, dem Standesbeamten Ralf Feldmann im Standesamt Ahlen und Hans-Jürgen Höötmann vom LWL-Archivamt für Westfalen. 2019 wurde auf Initiative von Michaela Wiese-Weber ein Stolperstein für ihren Großvater in der Rottmannstraße 11 in Ahlen verlegt. Die Einträge zur Heirat von Klemens August Wieses Eltern, seiner eigenen Heirat und sein Geburtseintrag finden sich im Kreisarchiv Warendorf, Standesamt-Personenstandsregister, Nrn. 00052_1884_H_009 und 9a, Nr. 00075_1918_H_089 und 089a sowie Nr. 01594_1885_G_030. Die Einträge zu den zehn Kindern von Klemens August Wiese und seiner Frau Maria finden sich in den Geburtsregistern unter folgenden Nummern, aus denen auch die Geburtsjahre der Kinder hervorgehen: Nr. 355/1919: Karl Klemens, Tod 1941 vor Stalingrad; Nr. 648/1920: Charlotte Wilhelmine, Heirat 1947 in Ahlen, Tod 2004 in Ahlen; Nr. 97/1922: Margarete Helga; Nr. 257/1924, stirbt als Säugling; Theodor Anton, Heirat 1947 in Ahlen, Tod 2004 in Ahlen; Nr. 615/1926: Elisabeth Antonia, Heirat 1948 in Ahlen, Tod 2003 in Ahlen; Nr. 277/1928: Klemens Fritz, Heirat 1949 in St. Wendel, Tod 1990 in Oberthal; Nr. 74/1930: Wilhelm Werner, Heirat 1956 in Ahlen, Tod 2018 in Rotenburg/Wümme; Nr. 232/1931: Hermann Karl, Heirat 1960, Tod 2001 in Frankfurt a. M.; Nr. 168/1933: Josef Heinrich, Heirat 1957 in Neubeckum, Tod 1992 in Leverkusen; Nr. 616/1938: Egon, Heirat 1961 in Ahlen, Tod 2017 in Ahlen. Der Text ist eine umgearbeitete und stark erweiterte Fassung eines im Auftrag der Firma Linon Medien KG verfassten Textes, der in eine App des WDR zu „Stolpersteinen" in Nordrhein-Westfalen integriert wird (s. Kap. 9).

Rottmannstraße 111

HIER WOHNTE
ANNA KLEINE-KAPPENBERG
JG. 1898
EINGEWIESEN 29.10.1926
HEILANSTALT MÜNSTER
„VERLEGT" 16.8.1944
HADAMAR
ERMORDET 6.9.1944

Auf dem Westkamp 31

HIER WOHNTE
WILHELMINE BRAUN
GEB. REDIGER
JG. 1873
EINGEWIESEN 22.7.1942
HEILANSTALT GÜTERSLOH
„VERLEGT" OKT. 1943
IN DAS BESETZTE POLEN
GAUHEILANSTALT WARTA
BEFREIT

Parkstraße 109 (ehem. Friedhofstraße)

HIER WOHNTE
MARIA PEILER
JG. 1914
EINGEWIESEN 1927
STIFT TILBECK
„VERLEGT" 3.9.1943
HEILANSTALT ERLANGEN
TOT 16.5.1945

Stolpersteinverlegung für Opfer der NS-Euthanasie

Stolperstein-Verlegung für NS-Euthanasieopfer

Ein Ahlener erhält seine Würde zurück

Von Dierk Hartleb

AHLEN. Sie waren die ersten Opfer des Holocausts – die geistig und emotional Behinderten, körperlich schwer Gebrechliche, Hilflose und Kranke, die schon in den ersten Jahren der NS-Diktatur zum Opfer wurden. An die Opfer des Euthanasie-Programms im nationalsozialistischen Unrechtsstaat, der auch in Ahlen unter dieser Bevölkerungsgruppe wütete, erinnerte Bürgermeister Dr. Alexander Berger am Freitagmorgen an der Rottmannstraße 11, wo der Kölner Künstler Gunter Demnig einen Stolperstein verlegte.

Unter den rund 100 Teilnehmern, die der Verlegung beiwohnten, befanden sich auch Angehörige der Geehrten. Michaela Wiese-Weber zum Beispiel, Enkelin von Klemens Wiese. Der 1885 in Ahlen geborene Fabrikarbeiter war nach einem Aufenthalt in der Provinzialheilanstalt Gütersloh, in die er 1943 nach einem Suizidversuch eingeliefert worden war, in die Gauheilanstalt Tiegenhof bei Gnesen/Polen verlegt worden, wo sich seine Spuren verlieren. „Mit der Verlegung des Stolpersteins erhält mein Großvater ein Stück seiner Würde zurück", stellte Michaela Wiese-Weber aufrüttelnd fest.

»Der Rassismus in Deutschland darf keinen Nährboden finden.«

Friedel Paßmann

Mit der Verlegung der Stolpersteine werde ein „wichtiges Zeichen für Respekt und Toleranz gesetzt", hatte Alexander Berger zuvor ausgeführt. Viel zu lange sei das Thema Rassenhygiene auch in Ahlen ein weißer Fleck geblieben. Erst in den beiden vergangenen Jahren sei einiges in Bewegung gekommen – ein besonderes Verdienst von Manfred Kehr, der sich als Mitarbeiter der Stadt Ahlen um die Aufarbeitung dieses Kapitels kümmere.

In seinem Grußwort dankte Friedel Paßmann als Vorsitzender des Beirats für behinderte Menschen der Stadt für diese Geste gegenüber den Menschen mit körperlichen, geistigen oder psychischen Einschränkungen. „Wir müssen dafür eintreten, dass es nie wieder einen Nationalsozialismus gibt", appellierte Paßmann an die Besucher des Gedenkens. Und weiter: „Der Rassismus in Deutschland darf keinen Nährboden finden, denn wir sind alle Menschen, Migranten, Juden, Kranke und behinderte Menschen." Passmann erinnerte an das Schicksal eines kleinwüchsigen Mannes, von dem ihm seine Mutter erzählt habe. Der sei im Haus gegenüber an der Rottmannstraße aufgewachsen und aus Furcht vor Verfolgung durch NS-Schergen im Keller des Hauses versteckt und eingemauert worden.

Foto mit Symbolcharakter: Manfred Kehr (l.) und Bürgermeister Dr. Alexander Berger begrüßten Elisabeth Wiese (2.v.l.) und Michaela Wiese-Weber (2.v.r.) aus Rottenburg und Rotenburg an der Wümme. Rechts der Leiter des St. Vinzenz am Stadtpark, Manfred Lechtenberg, kniend der Künstler Gunter Demnig.

Foto: Dierk Hartleb

Dr. Berger über Nazi-Verbrechen

Taten blieben ungesühnt

-hat- **AHLEN.** So schmerzlich die Erkenntnis sei, dass die meisten Verbrechen der Nazizeit ungesühnt geblieben seien – was auch für den Massenmord an kranken und behinderten Menschen gilt – so stimme es dennoch versöhnlich, dass das Grundgesetz die Lehren der Vergangenheit beherzigt habe. Es garantiere allen Menschen ungeachtet ihrer ethnischen Herkunft, ihres Geschlechts und ihrer gesundheitlichen Verfassung unantastbare Würde, sagte Bürgermeister Dr. Alexander Berger anlässlich der Stolperstein-Verlegung für die Opfer der NS Euthanasiepolitik. Für Berger gehören „Menschen mit besonderem Fürsorgebedarf nicht an den Rand, sondern in die Mitte der Gesellschaft". Manfred Lechtenberg nahm diese Bemerkung auf, und bestätigte, dass es heute in Ahlen „eine große Offenheit für das Miteinander mit Menschen mit Behinderungen gibt". Der Leiter des Wohnheims St. Vinzenz am Stadtpark nannte beispielhaft das Reparaturcafé. Auch im Alltagsleben seien die Menschen präsent wie auch bei diesem Gedenken, an dem der Heimbeirat und einige Bewohner teilnahmen. Auf dem Areal an der Kampstraße habe Heinrich Selbach gelebt, der mit acht Jahren in die Heilanstalt Marsberg eingewiesen worden und nach der Verlegung in die berüchtigte Anstalt Hadamar 1941 ermordet worden sei.

Die Enkelin von Klemens Wiese: Michaela Wiese-Weber.

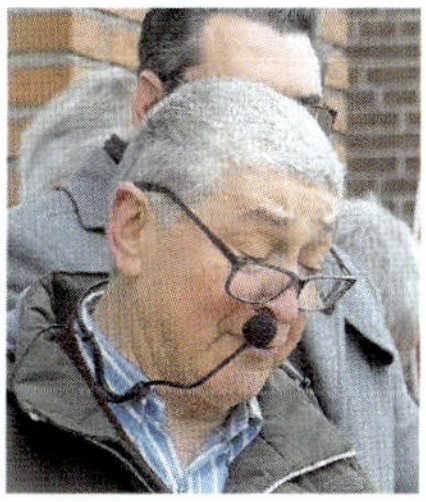

Friedel Paßmann ist Vertreter der Menschen mit Behinderungen.

Schülerinnen und Schüler des Berufskollegs St. Michael, der Fritz-Winter-Gesamtschule und des Städtischen Gymnasiums erinnerten anschließend an die historischen Voraussetzungen für das Euthanasieprogramm und die perfide Perfektion der Nazis bei seiner Durchführung.

Schülerinnen und Schüler der weiterführenden Schulen mahnten, die Lehren aus der NS-Diktatur nicht zu vergessen. Fotos: Dierk Hartleb

Berichterstattung in der Ahlener Zeitung anlässlich der Stolpersteinverlegungen für die Ahlener Opfer der Krankenmorde. Klemens Wieses Enkelin Michaela Wiese-Weber war bei der Stolpersteinverlegung für ihren Großvater am 8. Februar 2019 anwesend.

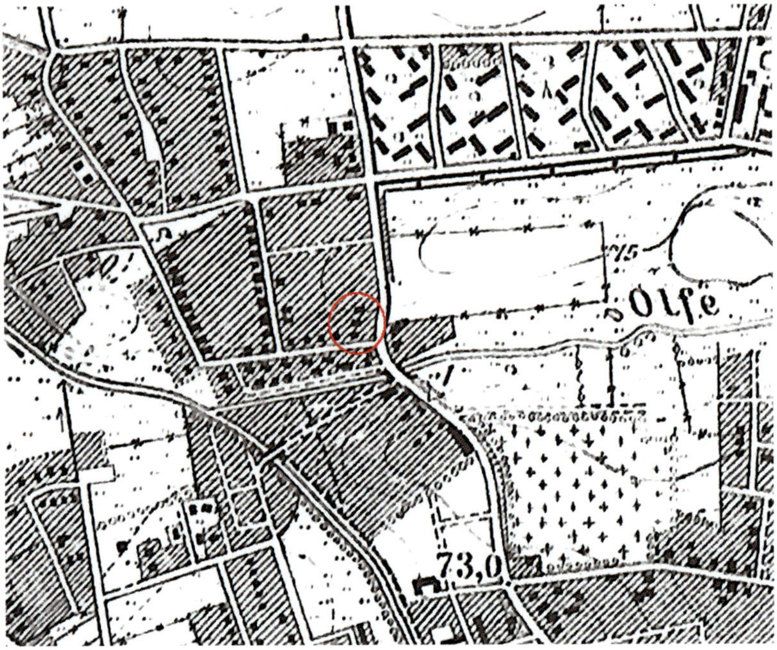

Abb. 50: Der Adresse Parkstraße/ehemals Friedhofstraße 109 ist in alten Karten kein Gebäude eindeutig zuzuordnen. Möglicherweise ist es eines der drei etwas zurückversetzt liegenden Gebäude, Ecke Wersedamm.

Alter Hof 8

HIER WOHNTE
JOHANNA STEINCHEN
JG. 1922
EINGEWIESEN 4.11.1941
HEILANSTALT GÜTERSLOH
„VERLEGT“ 12.11.1943
IN DAS BESETZTE POLEN
GAUHEILANSTALT TIEGENHOF/GNESEN
ERMORDET 21.4.1944

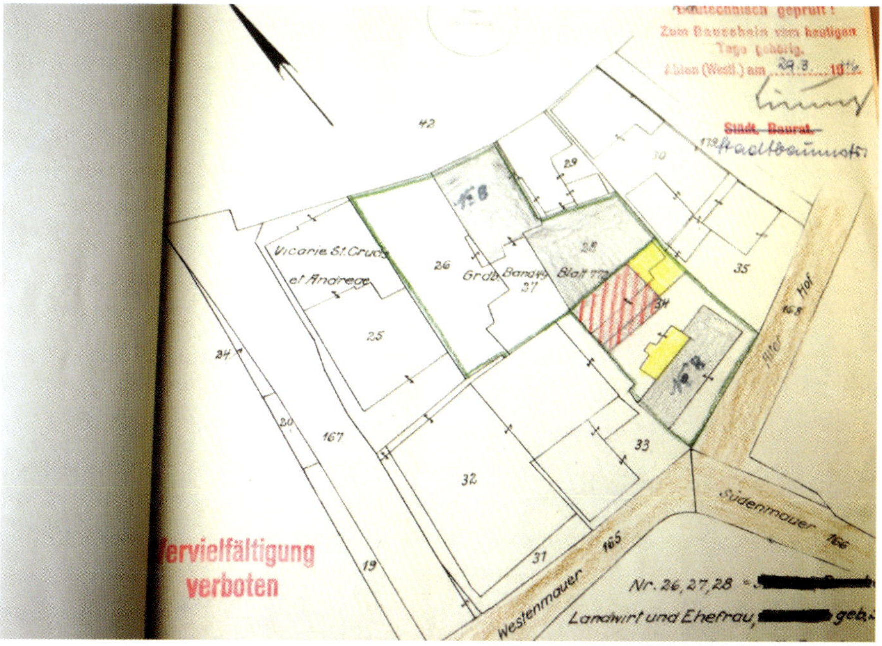

Abb. 51: Vorkriegsbebauung am Alten Hof; die alte Hausnummer 8 ist das Gebäude am Westende der Straße. Die Lage des Stolpersteins für Johanna Steinchen gegenüber dem Kino an der Mauer, die heute das Grundstück der Bartholomäus-Kirchengemeinde eingrenzt, wurde geschätzt.

Abb. 52: Regina Breitenbach von der städtischen Bauordnungsabteilung und Manfred Kehr bei der Arbeit.

Hellstraße 12

HIER WOHNTE
KARL DETER
JG. 1906
EINGEWIESEN 7.5.1934
HEILANSTALT MÜNSTER
„VERLEGT“ 13.10.1943
HEILANSTALT WEILMÜNSTER
ERMORDET 30.4.1944

Karl Deter lebte auf einem innerstädtischen Bauernhof mit einer in Ahlen sehr bekannten Gaststätte in der Hellstraße. Er war wohl eines von elf Kindern des Bauern- und Gastwirtsehepaares Theodor und Berta Deter, geb. Mentrup. Die genaue Lage des Anwesens musste anhand alter Katasterpläne und Fotos rekonstruiert werden.

Laut Aussage einer Zeitzeugin war Karl Deter lediglich stumm oder taubstumm.

Lütkeweg 28

HIER WOHNTE
JOSEF HAGEMANN
JG. 1909
EINGEWIESEN 28.10.1943
HEILANSTALT GÜTERSLOH
„VERLEGT“ OKT. 1943
IN DAS BESETZTE POLEN
GAUHEILANSTALT WARTA
ERMORDET 10.4.1945

Am Rodenberg 13 (ehem. Am Ruenberg)

HIER WOHNTE
EMIL HOPPENHEIDT
JG. 1900
EINGEWIESEN 13.8.1929
HEILANSTALT EICKELBORN
„VERLEGT“ 4.1.1933
HEILANSTALT WARSTEIN
„VERLEGT“ 12.10.1943
HEILANSTALT HADAMAR
ERMORDET 24.1.1944

Abb. 53: Altes Gasthaus Deter in der Hellstraße

Abb. 54: Abriss des Gasthauses

Dr. Esther Abel, wissenschaftliche Mitarbeiterin der Gedenkstätte Hadamar teilte am 18. Februar 2019 folgendes mit: „Zu Emil Hoppenheidt … ist zu ergänzen, dass das Aufnahmedatum in Eickelborn der 13.8.1929 ist. Von dort wurde er am 23.12.1931 entlassen. In Warstein wurde er am 4.1.1933 aufgenommen. Seinen Aufenthaltsort in der Zwischenzeit konnte ich aus der Krankenakte leider nicht ermitteln. Auch das Aufnahmedatum in Eichberg ist nicht bekannt, die Dokumente lassen aber darauf schließen, dass er sich spätestens 1941 dort befunden haben muss. Wie schon mitgeteilt, wurde er dann am 12.10.1943 nach Hadamar verlegt." Für eine Korrektur der Angaben zur Ersteinweisung in der Stolpersteininschrift war es zu dem Zeitpunkt leider zu spät …

Bankenstr. 26

HIER WOHNTE
AUGUST DOMBROWSKI
JG. 1896
EINGEWIESEN 27.10.1933
HEILANSTALT MÜNSTER
„VERLEGT" 31.7.1941
HEILANSTALT EICHBERG
ÜBERLEBT

Klosterstr. 20

HIER WOHNTE
HEINRICH BUSSMANN
JG. 1904
EINGEWIESEN 28.7.1937
HEILANSTALT GÜTERSLOH
„VERLEGT" 17.7.1941
HEILANSTALT SCHEUERN
ERMORDET 26.8.1942

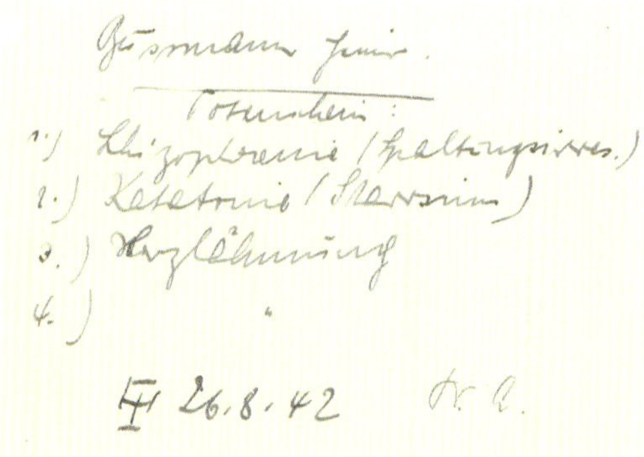

Abb. 55: Totenschein für Heinrich Bussmann

Klosterstr. 33

HIER WOHNTE
MARIA BRINKMANN
JG. 1888
EINGEWIESEN 3.5.1897
HEILANSTALT MARSBERG
„VERLEGT" 24.6.1943
HEILANSTALT REGENSBURG
ÜBERLEBT

Ulmenhof 46

HIER WOHNTE
DOROTHEA EBEL
JG. 1921
EINGEWIESEN 15.2.1943
HEILANSTALT GÜTERSLOH
„VERLEGT" OKT. 1943
IN DAS BESETZTE POLEN
GAUHEILANSTALT WARTA
BEFREIT

Maybach-/Gersteinstraße (ehem. Rosendahl 1)

HIER WOHNTE
THEODOR QUANTE
JG. 1903
EINGEWIESEN 15.6.1940
HEILANSTALT GÜTERSLOH
„VERLEGT" OKT. 1943
IN DAS BESETZTE POLEN
GAUHEILANSTALT WARTA
ERMORDET 12.4.1944

Im Taufregister der Ahlener Marienkirche ist Theodor Quante mit dem Geburtsdatum 2.9.1903 vermerkt, seine Eltern waren der Landwirt Bernard Quante und seine Frau Margaretha Schlenkert. Als Wohnort heißt es schlicht „Rosendahl", an anderer Stelle erfährt man als Postadresse Rosendahl 1.

Die Lageortsuche für den Stolperstein stieß auf unerwartete Schwierigkeiten, weil die Adresse heute nicht mehr existiert. Die ehemalige „Neuahlener" Bauerschaft Rosendahl im Ahlener Osten wurde durch das Gewerbegebiet

Olfepark vollständig überformt. Anhand alter Katasterblätter konnte die Lage des Hofes Rosendahl 1 aber recht präzise bestimmt werden. In einem Luftbild sind die alten Hofgrenzen noch gut erkennbar und decken sich mit der Darstellung in einem Urmesstischblatt von 1811.

Eine Verwirrung entstand zudem durch die Existenz eines gleichnamigen Ahlener Bürgers, der ähnliche Lebensdaten aufwies: Theodor Quante, geb. laut Totenzettel „am 12. Mai 1902 zu Alt-Ahlen", gestorben „am 12. Juli 1944 in einem Feldlazarett im Osten". Im Weiteren heißt es: „Auf dem Heldenfriedhof in Ludsen (Lettland) wurde er mit allen militärischen Ehren beigesetzt." Ludsen, heute Ludza, ist eine Kleinstadt in Ostlettland.

Abb. 56: Eindruck von der Ulmenhof-Siedlung heute. In dem Haus vorne links lebte Dorothea Ebel.

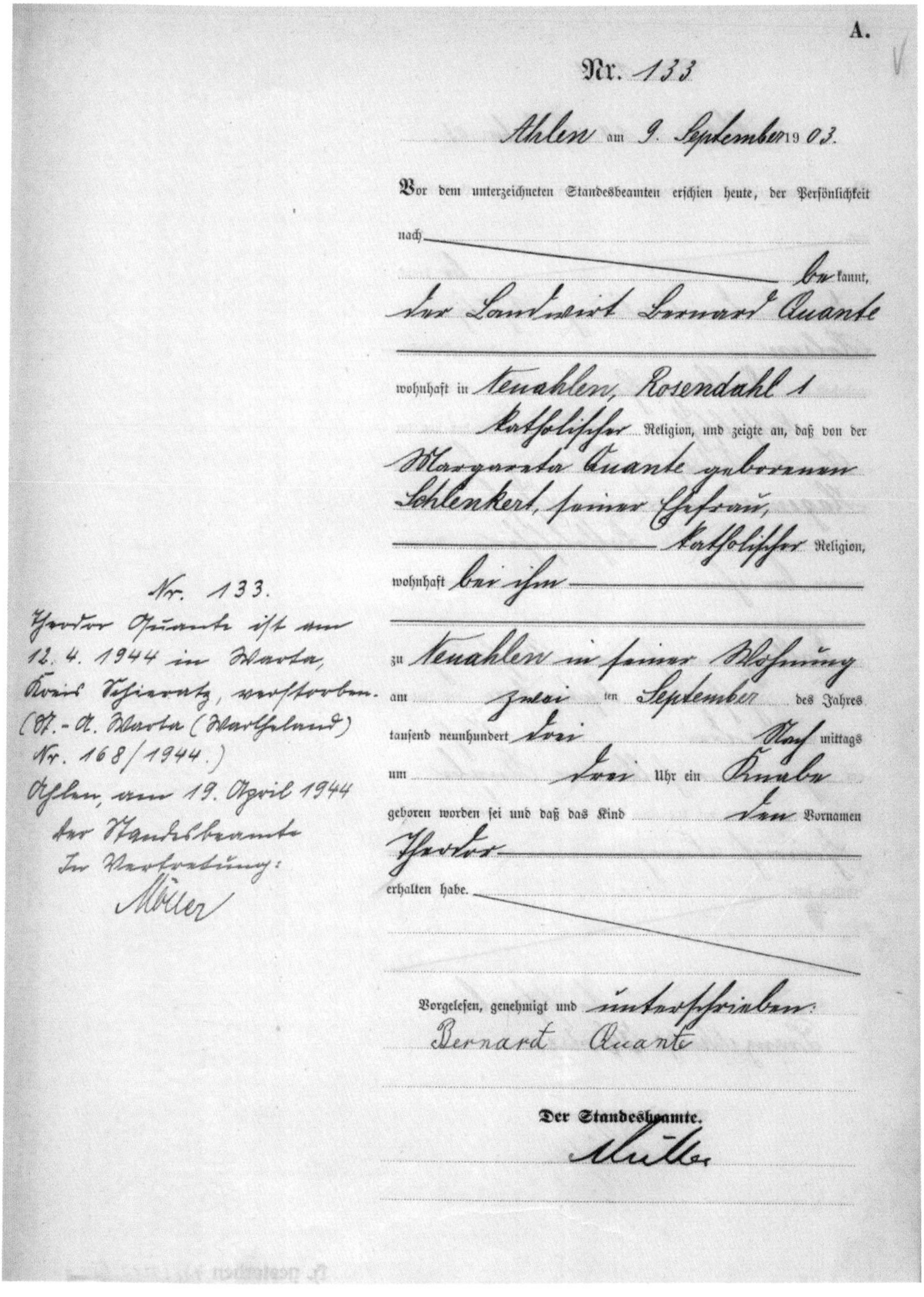
A.

Nr. 133

Ahlen am 9. September 1903.

Vor dem unterzeichneten Standesbeamten erschien heute, der Persönlichkeit nach bekannt,

der Landwirt Bernard Quante

wohnhaft in Neuahlen, Rosendahl 1

katholischer Religion, und zeigte an, daß von der Margareta Quante geborenen Schlenkert, seiner Ehefrau, katholischer Religion,

wohnhaft bei ihm

zu Neuahlen in seiner Wohnung

am zweiten September des Jahres tausend neunhundert drei Nach mittags um drei Uhr ein Knabe geboren worden sei und daß das Kind den Vornamen Theodor erhalten habe.

Vorgelesen, genehmigt und unterschrieben.

Bernard Quante

Der Standesbeamte.

Müller

Nr. 133.
Theodor Quante ist am 12. 4. 1944 in Warta, Kreis Schieratz, verstorben. (St.-A. Warta (Wartheland) Nr. 168/1944.)
Ahlen, am 19. April 1944
Der Standesbeamte
In Vertretung:
Müller

Abb. 57: Standesamts-Geburtsurkunde des Amts Ahlen für Theodor Quante mit einem Nachtrag zum Sterbefall in Warta.

4. Opfergruppe der politisch Verfolgten

4.1 Vorbemerkungen

Kann man bei der Erforschung einiger Opfergruppen mittlerweile auf gut geführte Archive zurückgreifen, ist das bei Kommunisten, Sozialisten, Gewerkschaftlern, Pazifisten, Antifaschisten usw. nicht der Fall. So gibt es weder bei den Orts- und Kreisverbänden von SPD, LINKEN und Gewerkschaften aus Münster und dem Kreis Warendorf, also den Organisationen, die in der Tradition der von den Nazis Verfolgten stehen, verwendbares Archivmaterial, geschweige denn alte Mitgliederlisten. Daran ändert auch nichts, berücksichtigt man, dass in der offiziellen Erinnerungspolitik der DDR und der ehemaligen Ostblockstaaten jüdische, ethnische oder homosexuelle Opferschicksale nicht existierten, dort also über 45 Jahre der Mythos des antifaschistischen Widerstands als einzig gültiger gepflegt wurde. Demnach gab es auch nur eine Opfergruppe, die der Antifaschisten und Kommunisten. Auch wenn nach der Wende ein Haltungswandel stattgefunden hat, ist die Datenlage nach wie vor schlecht.

So muss man immer wieder auf belegte Einzelschicksale zurückgreifen, deren Erforschung oft auf Hinweisen von Nachkommen oder aus der Bürgerschaft gründet (Manteufel, Dolberg, Panke, Quante usw.) oder durch die Prominenz der Verfolgten begünstigt wurde (Kirchner, Englisch, Ledwohn, Reimann).

Lässt man die Zeugen Jehovas, deren Verfolgung in den meisten Fällen politisch begründet war (Pazifismus, Kriegsdienstverweigerung), einmal beiseite, so liegt die Zahl der inzwischen ermittelten Geschädigten aus Ahlen bei etwa 130. Berücksichtigt man die Dominanz des proletarischen Milieus durch Industrie und Bergbau, ist diese Zahl wahrscheinlich immer noch zu niedrig.

4.2 Die Verfolgung von Mitgliedern der KPD und SPD

4.2.1 Die Ahlener Ortsgruppe der Kommunistischen Partei

Die KPD Ortsgruppe Ahlen war in den 20er und 30er Jahren sehr mitgliederstark, eine Tatsache, die auf die hier besonders zahlreiche Industriearbeiterschaft zurückzuführen ist. Ihre Perspektive einer sozialistischen Gesellschaftsordnung hatte angesichts des sozialen Elends breiter Bevölkerungsteile viele Anhänger, was sich in den Wahlergebnissen nicht zuletzt auch in Ahlen niederschlug.

Die Verfolgung der Kommunist/-innen beendeten die Nazis nie, allerdings ließen Inhaftierungen und KZ-Einweisungen Mitte der 30er Jahre nach. Gleichwohl setzten die KPD und ihre Umfeldorganisationen ihre Aktivitäten vielfach ungebrochen fort, in der Illegalität, in zahllosen Fällen „unter dem Radar" von Gestapo und SS.

4.2.1.1 Wömpner, Englisch, Reimann und andere

Dank der Publikationen vor allem von Rennspieß, Grevelhörster, Gojny, Huhn sowie einiger Hinweise aus dem Kreisarchiv sind heute etwa 60 Aktivist/-innen der Ahlener KPD sowie ihrer Umfeldorganisationen (Revolutionäre Gewerkschaftsopposition RGO oder Rotfrontkämpferbund) namentlich bekannt, wenig jedoch über Inhalte und Charakter der politischen Arbeit, vor und in der Illegalität.

Am Stockpiper 87

HIER WOHNTE
ERNST WÖMPNER
JG. 1880
VERHAFTET 13.11.1942
BUCHENWALD
ERMORDET 1.3.1945

Beim ITS in Bad Arolsen liegt eine Personalkarte vor, laut der Wömpner, *4.2.1880 in Vehlen, vom 23.9.1944 bis zum 4.2.1945 im KZ Oranienburg inhaftiert war und dann nach Buchenwald überstellt wurde. Er wurde dort als „Bergmann (Invalide)" geführt und starb offiziell an „Bronchopneumonie lks".

Abb. 64: Ernst Wömpner

Ernst Wömpner war angeblich in den zwanziger Jahren Ahlener Ratsmitglied für die SPD. Einer anderen Quelle zufolge soll Wömpner mit den Internationalen Brigaden in Spanien gegen Franco gekämpft und überlebt haben. Sein Überleben muss jedoch bezweifelt werden, zumal es nach dem Krieg keinerlei verfolgbare Spuren von ihm gibt. Gleichzeitig spricht diese Version eher dafür, dass Wömpner auf Seiten der KPD stand.

Auch **Wömpners Ehefrau Eleonore**, geb. Heumann am 26.4.1883 in Vehlen, war als politisch Verfolgte des Nationalsozialismus anerkannt und bezog eine Hinterbliebenenrente.

Wömpners zweiter Sohn Fritz kämpfte auf alliierter Seite in Italien, geriet in britische Gefangenschaft. Dort kam er bei einem Unfall zu Tode.

Thurn-und-Taxis-Ring 3

HIER WOHNTE
SELMA ENGLISCH
GEB. PÜSCHEL
JG. 1892
DEPORTIERT 22.9.1944
RAVENSBRÜCK
TOT 30.11.1944

Eine andere Quelle sah Selma Englisch wie August Kirchner unter den Opfern der Cap Arcona. In den Namenslisten der Gedenkstätte Ravensbrück ist sie aber eindeutig, wenn auch mit leicht verfälschtem Geburtsnamen, zu identifizieren.

„Sie kam über die Polizeigefängnisse Münster und Magdeburg sowie das Konzentrationslager Sachsenhausen am 22. September 1944 in das Konzentrationslager für Frauen nach Ravensbrück mit der Haftnummer 72250. Dort ist sie am 30. November 1944 umgekommen. Im Sterberegister des Standesamtes Ravensbrück II ist vermerkt, ‚am 30.11.1944, 12:45 Uhr verstorben.'" (Pressemitteilung der Stadt Ahlen vom 18. Juli 2016 anlässlich der Anbringung einer Erläuterung unter dem Selma-Englisch-Straßenschild). Laut Sterbeurkunde war Herzmuskelschwäche die Todesursache.

Selma Englisch (*29.11.1892 in Mittel-Conradswaldau/Schlesien) war mit **Karl Englisch**, *4.10.1890 in Schwarzwasser/Schlesien, verheiratet. Als Opfer des Nationalsozialismus anerkannt war zudem der Sohn **Alwin Englisch**, *17. oder 27.12.1913 in Hamm-Werries, er lebte eine Zeitlang gleichfalls am Thurn-und-Taxis-Ring 3, war aber seit Januar 1929 im Kreis Herford ge-

Abb. 66: Anbringung des Erläuterungsschildes im Juli 2016

Abb. 65: Selma Englisch

meldet. Er war vermutlich eine Zeitlang „Moorsoldat" in einem der Emslandlager. Sein Todesdatum ist der 22.8.1943, offenbar kam er kriegsbedingt in Poretschje/Russland um. Tochter Elisabeth Klara lebte nur von 1919 bis 1922.

Gartenstraße 20

HIER WOHNTE
ARTUR MANTEUFEL
JG. 1909
IM WIDERSTAND/KPD
VERHAFTET 7.7.1934
„VORBEREITUNG HOCHVERRAT"
1938 SACHSENHAUSEN
GEFÄNGNIS AHLEN
ENTLASSEN 1941

Artur Manteufel (*5.1.1909 in Herne), zog 1911 mit seinen Eltern - sein Vater arbeitete auf der Zeche Westfalen als Elektriker - und seinen fünf Brüdern nach Ahlen. Im Alter von sechs Jahren verletzte er sich beim Spielen auf dem brachliegenden Gelände der ehemaligen Ziegelei Beumer (Fundort des Ahlener Mammuts) am Fuß und war von da an gehbehindert. Ab 1923 arbeitete er in der Schuhfabrik Hürkamp und Steinhoff, in der Zinkwarenfabrik Schomaker und in anderen Firmen, wurde zwar wiederholt entlassen, blieb aber auch während der Weltwirtschaftskrise ohne längere Arbeitslosigkeit. Manteufel kam schon früh durch den Juden **Siegfried Adler** mit dem Marxismus in Berührung, trat 1929 zunächst in die Revolutionäre Gewerkschaftsopposition (RGO) ein, ein Jahr später in die KPD. 1933 wurde er bei Schomaker entlassen, weil er den Hitler-Gruß verweigerte. Er wurde nach einer Kurierfahrt ins niederländische Nijmegen mit dem Fahrrad am 7. Juli erstmals verhaftet und im Ahlener Rathauskeller von der GESTAPO gefoltert. Die anschließende Verurteilung zu dreieinhalb Jahren Zuchthaus erfolgte mit der Standardbegründung „Vorbereitung Hochverrat". Noch am Tag seiner Entlassung, dem 7. Januar 1938, wurde Manteufel in Schutzhaft genommen und ins KZ Sachsenhausen transportiert. Ende 1939 kehrte er aus seinem bisher einzigen Heimaturlaub nicht ins KZ zurück,

Abb. 67: Artur Manteufel

Max Reimann ist sicher eine der schillerndsten Persönlichkeiten der bundesdeutschen Linken, prophetisch die ihm zugeschriebene Aussage in der Bundestagsdebatte zur Verabschiedung des Grundgesetzes: „Wir unterschreiben nicht. Es wird jedoch der Tag kommen, da wir Kommunisten dieses Grundgesetz gegen die verteidigen werden, die es angenommen haben!" Reimanns Ahlener Wohnorte laut den Adressbüchern im Kreisarchiv: 1928 Bankenstraße 30; 1938 Wetterweg 14; 1951 und 1957 Am Röteringshof 63.

Sattelstraße 48

HIER WOHNTE
ALBERT FUNK
JG. 1894
IM WIDERSTAND/KPD
VERHAFTET 16.4.1933
„VORBEREITUNG HOCHVERRAT"
POLIZEI RECKLINGHAUSEN
TOT 16.4.1933
UMSTÄNDE NIE GEKLÄRT

Albert Funk, *15.10.1894 in Zwickau, kam 1918 als Bergarbeiter nach Ahlen, wurde dort Betriebsratsvorsitzender, zeitweise entlassen, nach Belegschaftsprotesten wieder eingestellt; von 1930 bis 1932 Reichstagsabgeordneter; wurde am 16.4.1933 in Dortmund verhaftet und anschließend ins Polizeipräsidium Recklinghausen („Schrecklinghausen") überführt.

„Für das Landgericht Bochum stand im Oktober 1949 zweifelsfrei fest, ‚daß sich F.[unk] unter dem Einfluß der erlittenen physischen und psychischen Qualen aus dem 3. Stockwerk des Polizeipräsidiums in den Hof stürzte.' Funk überlebte den Sturz schwer verletzt und starb am gleichen Tag im Prosper-Hospital. Das Bochumer Gericht verurteilte 1949 den für die Vernehmung verantwortlichen Gestapo-Beamten wegen Verbrechens gegen die Menschlichkeit, Aussageerpressung und Körperverletzung im Amt in je 46 Fällen zu zwölf Jahren Zuchthaus" (WIKIPEDIA).

Ob es sich bei Funks Fenstersturz um Selbsttötung oder Mord handelte, konnte nicht aufgeklärt werden; s.a. Rennspieß 1989, S. 293.

Die Hausnummer auf der Meldekarte ist sehr schwer lesbar, in Absprache mit Jan Krieft vom Kreisarchiv fiel die Entscheidung auf 48.

Abb. 68: Albert Funk

Im Kühl 10

HIER ARBEITETE
KURT SCHLEGEL
JG. 1907
IM WIDERSTAND/KPD
„VORBEREITUNG HOCHVERRAT"
VERURTEILT 26.3.1935
LICHTENBURG
BUCHENWALD
ENTLASSEN 19.4.1939

Kurt Schlegel, *20.2.1907 in Weißenfels a. d. Saale, war nach 1933 im kommunistischen Untergrund aktiv und wurde mehrmals verhaftet. Trotz Freispruchs durch den Volksgerichtshof war er vom 26.3.1935 bis zu seiner Entlassung am 19.4.1939 Häftling in den KZ Lichtenburg und Buchenwald. Anschließend arbeitete er in der Ahlener Schuhfabrik Hermann Hürkamp, während des Krieges offenbar als Geschäftsführer (s. Schorfheide 1996, S. 47). Der letzte Adressbucheintrag (Karlstraße 7) stammt aus dem Jahre 1988, noch 1995 wurde er von dem Historiker Rolf Schorfheide für sein Buch über die Ahlener Schuhindustrie interviewt. Im Frühjahr 1946 schlug ihn die Ahlener KPD als Nachfolger in der Gemeindevertretung für den ausgeschiedenen Stephan Quante (s. Kap. 4.2.1.3) vor (s. Gojny 2015, S. 29 ff).

Weißenfels, Schlegels Geburtsort, war um 1900 neben Pirmasens Deutschlands wichtigstes Zentrum der Schuhherstellung, eine von damals 64 Schuhfabriken war die Firma Schlegel. Kurt Schlegel hatte wohl deshalb eine enge Beziehung zur Branche, wahrscheinlich sogar verwandtschaftliche Beziehung zur Weißenfelser Firma.

*Nach dem Krieg war Kurt Schlegel maßgeblich am Wiederaufbau und der Neuausrichtung der Ahlener Schuhindustrie beteiligt. Der „Schlegel-Fußballschuh" mit den auswechselbaren Stollen wird auf ihn zurückgeführt. Die Firma Hürkamp stellte 1960 ihren Betrieb ein (s. Schorfheide 1996), Schlegel arbeitete anschließend halbtags bei der „Firma E. Sommer – Ahlener Volkszeitung". Er hatte mit seiner Ehefrau vier Kinder: Ulrich (*1944), Thomas (*1946), Martin (*1948) und Veronika (*1949).*

Schloss Lichtenburg gehörte zu den frühen Konzentrationslagern und lag in Prettin, östlich von Halle/Saale. Es diente zunächst ausschließlich der Unterbringung politischer Gefangener, ab 1937 wurde es in ein Frauen-KZ umgewandelt, 1939 wegen der schlechten Bausubstanz aufgelöst.

1932 erschien die musikalische Komödie „Ein blonder Traum" mit Lilian Harvey und Willy Fritsch in den Hauptrollen. In dem sehr erfolgreichen Film erklang der Schlager „Wir zahlen keine Miete mehr", von den Hauptdarstellern in einer sehr klamaukigen Fassung, später sang Paul Hörbiger, der in dem Film eine Nebenrolle spielte, einen durchaus sozialkritischen Text. Im KZ Lichtenburg entstand 1933 die folgende Strophe zu dem damals sehr populären Lied:

Wir zahlen keine Miete mehr
wir sind auf der Lichte zu Haus
und ist die Zelle noch so klein
wir machen uns gar nichts daraus
Ein Meter fünfzig im Quadrat
wir haben ja wenig Gepäck
und wenn die Zelle nur ´nen Strohsack hat
und wir werden halbwegs satt
dann zieh'n wir nicht wieder weg

Gemmericher Straße 105

HIER WOHNTE
EDUARD GRUBER
JG. 1883
IM WIDERSTAND
VERHAFTET 1933
„VORBEREITUNG HOCHVERRAT"
GEFÄNGNIS BERGKAMEN
GEFÄNGNIS WITTLICH
ENTLASSEN

(Inschriftenentwurf, Stolperstein noch nicht verlegt)

Der Bergmann Eduard Gruber, *10.8.1883 im thüringischen Neuhaus, war vom 2.6. bis zum 23.12.1933 in Bergkamen (KZ Schönhausen?) und in Wittlich inhaftiert. Wahrscheinlich war er kein Parteimitglied. Eduard und seine Frau **Bertha** (*23.3.1885) waren die Eltern von Kurt und Karl Gruber.

HIER WOHNTE
KURT GRUBER
JG. 1912
IM WIDERSTAND/KPD
FLUCHT 1935 PRAG
1939 GROßBRITANNIEN
TOT IM KRIEGSEINSATZ

(Inschriftenentwurf, Stolperstein noch nicht verlegt)

Kurt Gruber, *13.5.1912 in Hövel, arbeitete zunächst in der Illegalität, u.a. als kommunistischer Jugendführer, 1935 Flucht nach Prag, 1939 nach Großbritannien; Gruber starb bei seinem ersten Einsatz im Dienste des amerikanischen Nachrichtendienstes am 20.3.1945 in der Nähe von Osnabrück, als das Flugzeug, das ihn absetzen sollte, in schlechtem Wetter abstürzte.

HIER WOHNTE
KARL GRUBER
JG. 1914
IM WIDERSTAND/KPD
24.3.1931
VON NAZIS ERSCHOSSEN

(Inschriftenentwurf, Stolperstein noch nicht verlegt)

Karl Grubers Beisetzung stieß offenbar in Ahlen auf große Resonanz (s. Rennspieß 1989, S. 264 f. und S. 295).

Rottmannstraße 91

HIER WOHNTE
ALFRED MATTERN
JG. 1896
IM WIDERSTAND/KPD
VERHAFTET 23.6.1941
„VORBEREITUNG HOCHVERRAT"
POLIZEIGEFÄNGNIS AHLEN
ENTLASSEN 18.8.1941

(Inschriftenentwurf, Stolperstein noch nicht verlegt)

Der Bergarbeiter Alfred Mattern (*28.10.1896) war nach den Gemeinderatswahlen 1933 Mitglied des Rates der Stadt Ahlen. Er wurde nach dem Überfall der Wehrmacht auf die Sowjetunion am 23. Juni 1941 gemeinsam mit Artur Manteufel (s.o.) verhaftet und kam am 18. August aus dem Polizeigefängnis Ahlen frei. Er war bis 1946 der erste Betriebsratsvorsitzende der Zeche Westfalen. Vor dem Krieg wohnte er in der Rottmannstraße, danach in der Gemmericher Straße.

Am Stockpiper 99

HIER WOHNTE
WILHELM MÜLLER
JG. 1899
IM WIDERSTAND/KPD
FLUCHT 1935
FRANKREICH

(Inschriftenentwurf, Stolperstein noch nicht verlegt)

Obwohl sich in den Ahlener Adressbüchern einige Personen dieses Namens finden, handelt es sich bei diesem mit hoher Wahrscheinlichkeit um den Kommunisten (*25.4.1899 in Marienwalde). Er war von Beruf Maurer und entging 1933 seiner Verhaftung durch Flucht über das Saarland nach Frankreich; s.a. Rennspieß 1989, S. 299f. Müller hatte Frau und Kind.

4.2.1.2 Verurteilungen am 11./12. Dezember 1933 durch das OLG Hamm

In dem Strafverfahren vom 11. und 12.12.1933 vor dem Oberlandesgericht Hamm wurden der Kommunist und Rotfrontkämpferbund-Führer Johann Knoblau und 40 weitere Ahlener Genossen wegen Vorbereitung zum Hochverrat zu Haftstrafen verurteilt. Alle derzeit bekannten Inhaftierten saßen zumindest eine Zeitlang zunächst im KZ Brauweiler ein, ehe die meisten in eines der Emslandlager verlegt wurden. Die meisten der folgenden Männer haben die Haftzeit überlebt.

Sowohl das KZ Brauweiler als auch die Emslandlager gehörten zu den ersten von den Nationalsozialisten eingerichteten Konzentrationslagern. Diese Lager waren keine „Todeslager", d.h. sie dienten nicht der physischen Vernichtung von Menschenleben, sondern vorrangig der Disziplinierung und zumindest in der ersten Zeit der „Besserung". Zudem waren sie durch das System der Zwangsarbeit eingebunden in die nationalsozialistische Ökonomie.

Die ehemalige Abtei Brauweiler wurde 1802 aufgelöst und die Besitzungen durch den französischen Staat verstaatlicht. Der preußische Staat wandelte die Gebäude anschließend um zur „Provinzial-Arbeitsanstalt Brauweiler", dort wurden „Obdachlose, Landstreicher*innen, Prostituierte und Spielsüchtige zwangsweise inhaftiert und sollten durch Arbeit diszipliniert und zu produktiven Mitgliedern der Gesellschaft umerzogen werden. Außerdem gab es Sonderabteilungen für Alkoholkranke, psychisch Kranke, Land- und Ortsarme sowie schwer erziehbare Jugendliche".[8]

In der NS-Zeit wurde die Anstalt in das System der Rassenhygieneeinrichtungen eingefügt, wo zum Beispiel Zwangssterilisationen stattfanden.

Nach dem Reichstagsbrand wurde die Einrichtung zu einer Schutzhaftanstalt, in der politische Gegner, allen voran Kommunist/-innen und Sozialdemokrat/-innen ohne richterlichen Beschluss inhaftiert wurden. Die ersten Gefangenentransporte – überwiegend aus dem Ruhrgebiet – trafen bereits im April 1933 ein. Im April 1934 wurde das Lager aufgelöst und die Insassen in andere KZ verlegt.

Am Stockpiper 95

HIER WOHNTE
JOHANN KNOBLAU
JG. 1894
IM WIDERSTAND
ROTFRONTKÄMPFERBUND
VERHAFTET JUNI 1933
„VORBEREITUNG HOCHVERRAT"
DEZEMBER 1933 BRAUWEILER
SACHSENHAUSEN/DACHAU
ENTLASSEN

Das Strafverfahren gegen den Ahlener Rotfrontkämpferbund-Führer Johann Knoblau (*21.1.1894) und Genossen wegen Vorbereitung zum Hochverrat fand am 11. und 12. Dezember 1933 vor dem Oberlandesgericht Hamm statt. Er starb am 28.8.1972. Weitere Informationen zu Johann Knoblaus Leben s. Rennspieß 1989, S. 293 f.

In einigen Dokumenten, so auch bei Rennspieß, findet sich die Namensvariante „Knoblauch". Dabei ist auszuschließen, dass es sich um verschiedene Personen handelt. Ich habe mich bei der Schreibweise an der Entschädigungsakte beim Regierungspräsidenten in Münster orientiert.

8 www.abteibrauweiler.lvr.de/geschichte

„Der Bergmann Gustav Brzoska“, *19.6.1899 (laut Meldekarte 9.6.1899), „wurde im Juni 1933 wegen kommunistischer Betätigung verhaftet. Zunächst wurde er im Zuchthaus Siegburg in Schutzhaft genommen und von dort zu einem unbekannten Zeitpunkt in das KZ Brauweiler[9] verlegt. Am 20. Oktober 1933 wurde er in das KZ Papenburg (Börgermoor) überführt“ (Gedenkbuch Brauweiler). Brzoska wurde durch das OLG Hamm zu einer Zuchthausstrafe von einem Jahr und neun Monaten verurteilt.

Die Meldekarte der Tochter **Hannelore** (*21.9.1928; Mutter **Gertrud**, geb. *unleserlich*) beim Kreisarchiv weist als Adresse Steinbrückenshof 11 auf.

Humboldtstraße 49

HIER WOHNTE
ALBIN BÜTTNER
JG. 1896
IM WIDERSTAND/KPD
VERHAFTET JUNI 1933
„VORBEREITUNG HOCHVERRAT“
SIEGBURG
BRAUWEILER
ENTLASSEN

(Inschriftenentwurf, Stolperstein noch nicht verlegt)

„Der Bergmann Albin Büttner“, *20.8.1896, „wurde im Juni 1933 wegen kommunistischer Betätigung verhaftet, zunächst im Zuchthaus Siegburg in Schutzhaft genommen und von dort zu einem unbekannten Zeitpunkt in das KZ Brauweiler verlegt“ (Gedenkbuch Brauweiler). Das OLG Hamm verurteilte Büttner zu einer Zuchthausstrafe von anderthalb Jahren.

---

9 Vgl. Gedenkbuch Brauweiler – LVR-Kulturzentrum Abtei Brauweiler; https://abteibrauweiler.lvr.de/de/gedenkstaette_brauweiler/gedenkbuch/haeftlingsgruppen/fruehes_konzentrationslager/fruehes_konzentrationslager.html#section-395288

Schachtstraße 26

HIER WOHNTE
HANS KOLL
JG. 1899
IM WIDERSTAND/KPD
VERHAFTET JUNI 1933
„VORBEREITUNG HOCHVERRAT“
SIEGBURG
BRAUWEILER
OKTOBER 1933 NEUSUSTRUM
ENTLASSEN

(Inschriftenentwurf, Stolperstein noch nicht verlegt)

Der Bergmann Hans Koll, *7.7.1899, wurde im Juni 1933 wegen kommunistischer Betätigung verhaftet. Zunächst wurde er im Zuchthaus Siegburg in Schutzhaft genommen und von dort zu einem unbekannten Zeitpunkt ins KZ Brauweiler verlegt. Am 20.10.1933 wurde er in das KZ Neusustrum überführt, weitere Haftstationen waren Recklinghausen, Herford und Rheda (s.a. Gedenkbuch Brauweiler). In dem Hammer Massenprozess wurde Koll zu einer Zuchthausstrafe von einem Jahr und acht Monaten verurteilt. Er war verheiratet mit **Pauline Koll**, das Paar wohnte nach dem Krieg in der Bankenstraße 40.

Selma-Englisch-Straße 35 (ehemals Kruppstraße)

HIER WOHNTE
OTTO ZIER
JG. 1887
IM WIDERSTAND/KPD
VERHAFTET JUNI 1933
„VORBEREITUNG HOCHVERRAT“
SIEGBURG
BRAUWEILER
OKTOBER 1933 BÖRGERMOOR
ENTLASSEN

(Inschriftenentwurf, Stolperstein noch nicht verlegt)

„Der Bergmann Otto Zier“, *28.2.1887, „wurde im Juni 1933 wegen kommunistischer Betätigung verhaftet. Zunächst wurde er im Zuchthaus Siegburg in Schutzhaft genommen und zu einem unbekannten Zeitpunkt von dort in das KZ Brauweiler verlegt. Am 20. Oktober 1933 wurde er in das KZ Papenburg (Börgermoor) überführt" (Gedenkbuch Brauweiler). Das OLG Hamm verurteilte Zier zu einer Zuchthausstrafe von einem Jahr und fünf Monaten.

Otto Zier war verheiratet mit **Emma, geb. Schneiderreit** am 26.4.1899. Sein Sohn **Otto Zier jun.**, *13.12.1925, trug die Berufsbezeichnung „Landhelfer" und wohnte 1940 laut Meldekarte zunächst in „Halene 4" (oder 40), wenige Wochen später in „Rosendahl 27". Vermutlich waren das seine Arbeitsstellen auf Ahlener Höfen, dass die Eltern dort gewohnt haben, ist unwahrscheinlich. Otto Zier jun. wurde laut Eintrag in der Meldekarte am 27.8.1943 zum Heeresdienst einberufen, sein Schicksal ist unbekannt.

Bankenstraße 26

HIER WOHNTE
JOHANN WESTPHAL
JG. 1894
IM WIDERSTAND/KPD
VERHAFTET JUNI 1933
„VORBEREITUNG HOCHVERRAT"
SOMMER 1933 BRAUWEILER
20.10.1933 BÖRGERMOOR
ENTLASSEN

(Inschriftenentwurf, Stolperstein noch nicht verlegt)

Der Bergmann Johann Westphal, *15.11.1894, wurde im Juni 1933 wegen kommunistischer Betätigung verhaftet. Seine Haftstationen: Schutzhaft Siegburg, KZ Brauweiler, KZ Börgermoor (20.10.1933). Westphal wurde vom OLG Hamm zu einer Gefängnisstrafe von einem Jahr und sechs Monaten verurteilt.

Rottmannstraße 91

HIER WOHNTE
AUGUST KIRCHNER
JG. 1894
2. JUNI 1933 VERHAFTET
GEFÄNGNIS RECKLINGHAUSEN
BRAUWEILER
SACHSENHAUSEN
NEUENGAMME
ERTRUNKEN MAI 1945
MS CAP ARCONA

Über August Kirchner s. Rennspieß 1989, S. 369 f. Dort findet sich auch eine mögliche Erklärung für den alliierten Beschuss der „Cap Arcona".

Auch Kirchners Ehefrau **Luise,** geb. **Wenk** am 4.3.1893 in Berghofen, ist als Verfolgte des Nationalsozialismus anerkannt.

Laut Entschädigungsunterlagen wohnte das Ehepaar Kirchner seit 1912 Am Posthorn 24. In der Rottmannstraße war aber der Friseurladen. Möglicherweise muss die Inschrift in „HIER ARBEITETE" geändert werden.

Galileistr. 11

HIER WOHNTE
JOSEF LEDWOHN
JG 1907
IM WIDERSTAND/KPD
FEBRUAR 1933 VERHAFTET
„VORBEREITUNG HOCHVERRAT"
1933 ESTERWEGEN
ASCHENDORFER MOOR
ENTLASSEN MAI 1936

Der Bergmannssohn Josef Ledwohn wuchs in Ahlen auf und absolvierte eine Ausbildung als Schlosser und Elektromonteur. Er schloss sich schon mit 15 Jahren der sozialistischen Arbeiterjugend an, trat später in die KPD ein und wurde 1932 politischer Leiter der Ortsgruppe Ahlen/Unterbezirk Hamm, im gleichen Jahr nach einer Frauendemonstration erstmalig verhaftet, zum zweiten Mal in Folge des Reichstagsbrandes am 28. Februar 1933.

Im Folgenden stichwortartig: 1933 Funktionär der KPD, Einstieg in die illegale Arbeit, KZ- und Gefängnisaufenthalte („Vorbereitung Hochverrat"); nach seiner Entlassung 1936 Arbeit als Elektromonteur; nach 1945 Wiederaufbau der KPD, 1. Sekretär der Bezirksleitung Ruhr, dann Landesvorsitzender NRW, ab 1946 KPD-Landtagsabgeordneter in NRW; 1954 Verhaftung („Vorbereitung Hochverrat"!); 1968 Eintritt in die DKP, 1990 PDS-Mitglied; starb 2003 in Berlin.

Die Verlegung des Stolpersteins für Josef Ledwohn am 28.1.2020 mit Beiträgen Ahlener Schüler/-innen sowie einer kritischen Würdigung durch die stellvertretende Bürgermeisterin Rita Pöppinghaus-Voss rief unterschiedliche Reaktionen hervor. Brieflich meldete sich Ledwohns Tochter Elvira:

Sehr geehrter Herr Kehr,

da ich erfahren habe, dass die Stadt Ahlen auch für meinen Vater Josef Ledwohn als einem politischen Gegner und Opfer des Naziregimes einen Stol-

perstein verlegt hat, möchte ich mich bei Ihnen und der Stadt ganz herzlich bedanken. In einer Zeit, in der Rassismus und Anknüpfung an faschistische Tradition und Ideologie wieder versuchen, im politischen Leben an Boden zu gewinnen, ist es wichtig und verdienstvoll, daran zu erinnern, wie viel Mühe und Opfer es gekostet hat, uns schon einmal von diesem Ungeist zu befreien. Und nötig, den Grundkonsens dieses Landes öffentlich zu bekräftigen. Danke.

Mit besten Grüßen
Elvira Högemann-Ledwohn

Des Weiteren stellte die Ahlener Freie Wählergemeinschaft (FWG) Anfang 2020 einen Antrag, der die Berechtigung des Stolpersteins für Ledwohn wegen dessen Nachkriegskarriere in Zweifel zog und fortan jede künftige Stolpersteinverlegung durch die zuständigen Ratsausschüsse genehmigen lassen wollte.

Der Ratsantrag der FWG blieb in der Öffentlichkeit weitgehend unbeachtet, löste in Fachkreisen jedoch helles Entsetzen aus. Wenn auch die Ahlener Erinnerungskultur durch die Stadtgesellschaft auf Zustimmung stößt, ist dennoch eine Haltung festzustellen, die nach „Verfolgten erster und zweiter Klasse" unterscheidet: Bei der Übernahme von Patenschaften für Stolpersteine wurden gelegentlich Jüd/-innen gegenüber Kommunist/-innen bevorzugt. Begründet wird die Abwertung der Kommunist/-innen damit, dass diese für eine Diktatur eintraten und oftmals selbst undemokratisch agierten. Diese Zuschreibung verkennt, dass die Statuten des Stolpersteinprojektes ausschließlich den Zeitraum 1933–45 für die Bewertung eines Opferschicksals zugrunde legen. Aber auch aus historischer Perspektive muss man derartigen Haltungen entgegentreten:

- *Kommunist/-innen wurden genau wie andere Opfergruppen drakonisch und unter Missachtung jeglicher Rechtsstandards verfolgt.*
- *Die KPD warnte schon in der Weimarer Republik vor dem Aufkommen eines deutschen Faschismus. Die „Einheitsfront" mit dem Ziel seiner Verhinderung war im Wesentlichen eine Initiative der Thälmann-KPD.*
- *Die Tatsache, dass die Zahl der überlebenden Kommunist/-innen verglichen mit anderen Opfergruppen hoch war, liegt zum einen daran, dass zu Beginn der NS-Zeit die physische Vernichtung von Regimegegnern noch nicht das Hauptanliegen der Herrschenden war, zumal sehr viele Kommunisten in ihren Betrieben als Fachleute gebraucht wurden. Zum anderen durchschaute die KPD den Charakter des Nationalsozialismus früher als andere, ihre Mitglieder gingen frühzeitig in den Untergrund oder ins Exil.*

- *Die Verbrechen des Stalinismus, der chinesischen Kulturrevolution sowie die zahlreichen Menschenrechtsverletzungen im Namen des Sozialismus waren der Weltöffentlichkeit in dem Betrachtungszeitraum noch nicht bekannt.*

Es ist Zeit, den deutschen Kommunist/-innen ein Mindestmaß an historischer Fairness zukommen zu lassen. Vielleicht mag die französische Gesellschaft, selbst nicht verdächtig, an der Schwelle einer sozialistischen Revolution zu stehen, als Vorbild dienen: Die französischen Kommunist/-innen genießen angesichts ihrer führenden Rolle im Befreiungskampf gegen den Hitlerfaschismus bis heute Heldenstatus.

4.2.1.3 Die Emslandlager

Viele der Ahlener politisch Verfolgten waren in einem der insgesamt 15 Emslandlager zwischen Lingen, Emlichheim und Papenburg inhaftiert. Diese wurden ab 1933 von den Nationalsozialisten eingerichtet und wechselweise von der SS, Justiz und Wehrmacht genutzt. Die zugrundeliegende Verordnung vom 28.2.33 galt „dem Schutz von Volk und Staat zur Abwehr kommunistischer staatsgefährdender Gewaltakte“ (Auf der Suche nach den Moorsoldaten, S. 1). „Insgesamt wurden in den Lagern 80.000 KZ-Häftlinge und Strafgefangene sowie mehr als 100.000 Kriegsgefangene eingesperrt. Bis zu 30.000 Menschen starben dort. Die Insassen waren zum Großteil aus politischen, rassistischen oder kriminellen Gründen in Haft. Zudem gab es viele Kriegsgefangene. Sie wurden vorwiegend im Moor eingesetzt, zum Abbau von Torf und zum Anlegen von Entwässerungsgräben. Der Begriff ‚Moorsoldaten‘ wurde geprägt - ein Name, den sich die Gefangenen selbst gaben. Berühmt geworden ist er durch das Lied ‚Wir sind die Moorsoldaten‘, das über das Emsland hinaus zum prägenden Lied des Widerstands in den nationalsozialistischen Konzentrationslagern wurde.“ (aus: Ehemaliges NS-Lager als Versöhnungsort für eine Franziskanerin, Kirche und Leben, 15.10.2018).

Über Ahlen schrieb der Historiker Michael Huhn: „Es gibt wohl keine Stadt dieser Grö-

Abb. 70: Der Roman „Die Moorsoldaten“ von Wolfgang Langhoff

ße, die so viele Gegner des Nazi-Regimes in die Emslandlager ‚entsandte' .... Fast alle stammten aus der Kolonie" (Huhn, S. 77). Weitere Namen Ahlener „Moorsoldaten" s. Kap. 4.2.4.

Die 15 Emslandlager waren: Börgermoor, Aschendorfer Moor, Brual-Rhede, Walchum, Neusustrum, Oberlangen, Esterwegen (heute Gedenkstätte), Wesuwe, Versen, Fullen, Groß-Hesepe, Dalum, Wietmarschen, Bathorn und Alexisdorf.

Bankenstraße 59

HIER WOHNTE
ERNST GERBER
JG. 1904
IM WIDERSTAND/KPD
5.5.1933 VERHAFTET
„VORBEREITUNG HOCHVERRAT"
1933 ESTERWEGEN
ENTLASSEN SEPT. 1934

Über den Betriebsratsvorsitzenden Ernst Gerber s. Rennspieß 1989, S. 367.

Klosterstraße 13

HIER WOHNTE
CÄSAR DOLBERG
JG. 1899
IM WIDERSTAND/KPD
VERHAFTET JUNI 1933
„VORBEREITUNG HOCHVERRAT"
EMSLANDLAGER ESTERWEGEN
ENTLASSEN MÄRZ 1934

Abb. 71: Verlobungsfoto von Cäsar Dolberg und Maria Mengelkamp. Laut Auskunft seiner Enkel Ralf und Sabine erhielt Cäsar – offenbar als „Wiedergutmachung" – zunächst eine Anstellung als städtischer Bürobote, später als Kassenwart im Hallenbad. Sein Zwillingsbruder Otto emigrierte in die USA, ein entsprechender Vermerk fand sich im Auswanderermuseum in Bremerhaven.

Auf Cäsar Dolberg machte sein Enkel Ralf aufmerksam. Dolberg, *6.7.1899, kam seinerzeit auf nicht mehr nachvollziehbaren Wegen von Hamburg nach Ahlen. Mit seiner Frau **Maria**, geb. **Mengelkamp**, und den drei Kindern Elke, Hilma und Carl Heinz lebte er zeitweise mietfrei in der Klosterstraße 13, wo die Familie nach Angaben der Enkel die jüdische Schule putzte. Das Gebäude der jüdischen Schule war offenbar schon vor dem Krieg in einem derart schlechten Zustand (Baumaterial „Lehm und Reiser"), dass von den letzten Mieter/-innen keine Miete erhoben wurde. Die Nachfolge im Dienst der Synagogengemeinde trat wenig später die Familie Moszkowicz an, beide Familien waren offenbar gut miteinander bekannt, die Söhne Imo und Carl Heinz waren fast gleichaltrig.

Laut ärztlichem Gutachten, das 1956 anlässlich eines Entschädigungsantrags erstellt wurde, war Dolberg ab Juni 1933 bis März 1934 in verschiedenen Konzentrationslagern inhaftiert. Die Enkel erinnern sich, dass gelegentlich über die „Moorsoldaten" gesprochen wurde. Eine Inhaftierung in den Emslandlagern war zu der Zeit für politische Gefangene durchaus üblich.

Das ärztliche Gutachten sah für den schlechten Gesundheitszustand Dolbergs im übrigen keinerlei Ursachen in den Lageraufenthalten. Der Entschädigungsantrag wurde abgelehnt, Dolberg starb am 17.8.1978.

Haspelweg 3

HIER WOHNTE
STEPHAN QUANTE
JG. 1894
IM WIDERSTAND/KPD
VERHAFTET 28.2.1933
„VORBEREITUNG HOCHVERRAT"
1934 ESTERWEGEN
ENTLASSEN ENDE 1934

Christa Quante-Ottemeier stellte folgende Angaben über ihren Großonkel zur Verfügung: Stephan Quante wurde am 25.11.1894 in Ahlen geboren, seine Eltern waren Wilhelm Quante (1848–1923) und Elisabeth Buschkötter (1867–1938), er hatte sechs Geschwister. Quante nahm am Ersten Weltkrieg teil und wurde leicht verwundet. Am 2.11.1920 heiratete er **Elisabeth Dönnges** in Heessen und arbeitete als Bergmann, in den Ergebnislisten zur Gemeinderatswahl vom 5.3.33 wird er jedoch als „Invalide" geführt. Als leitender Funktionär der KPD wurde er am 28.2.1933, dem Tag des Reichstagsbrandes, in Recklinghausen verhaftet und „bis auf weiteres" in „Schutzhaft" genommen. 1934 kam er ins KZ Esterwegen und wurde offenbar erst am 9.10.1934 erstmalig zu den gegen ihn erhobenen Vorwürfen vernommen, anderthalb Jahre nach seiner Verhaftung. Vermutlich wurde er Ende des Jahres aus der Haft entlassen, sein Ratsmandat konnte er nicht mehr antreten.

Der nächste Eintrag in seinem Stammbaum, der ihn als Angestellten der Stadt Ahlen auswies, stammt erst aus dem Jahre 1959: Er kümmerte sich im Sozialamt offenbar um die Hinterbliebenen von Ahlener Kriegsopfern. Stephan Quante starb am 30.4.1960 in Ahlen und wurde auf dem Ostfriedhof beigesetzt. Er wohnte zuletzt auf dem Siemensweg.

Förderweg 59

HIER WOHNTE
FRITZ BOSS
JG. 1896
IM WIDERSTAND
VERHAFTET 2.6.1933
„VORBEREITUNG HOCHVERRAT"
RECKLINGHAUSEN
BRAUWEILER
SEPTEMBER 1933 ESTERWEGEN
ENTLASSEN

(Inschriftenentwurf, Stolperstein noch nicht verlegt)

Der Kokereiarbeiter Fritz Boss, *5.11.1896, stammt aus Ostpreußen nahe Sowetsk (früher Tilsit, im baltischen Teil Russlands). Er wurde wegen „verbotenen Waffenbesitzes" zunächst im Polizeigefängnis im alten Rathaus in „Schutzhaft" genommen, seine weiteren Haftstationen waren Recklinghausen (2.–5.6.1933), Brauweiler (6.6. - Sept. 1933), KZ Esterwegen (Sept. 1933 - 28.8.1934). Vermutlich war er kein KPD-Mitglied. Boss hatte zwei Kinder (s.a. Huhn, S. 74; dort wird er als „Bohs" geführt).

Schachtstraße 3

HIER WOHNTE
KARL VALENTIN
JG. 1914
IM WIDERSTAND
VERHAFTET 1933
„VORBEREITUNG HOCHVERRAT"
EMSLANDLAGER
ENTLASSEN 1937

(Inschriftenentwurf, Stolperstein noch nicht verlegt)

Karl Valentin, *13.7.1914 in Poniec (früher Punitz bei Posen), stammte aus einer Bergarbeiterfamilie, schon sein Vater Heinrich arbeitete auf der Zeche Westfalen. Er war zwischen 1933 und 1937 an verschiedenen Orten in politischer Haft, zuletzt in einem der Emslandlager. Die Familie - Ehefrau **Helene** (*2.12.1918) und die Kinder Helmut (Jg. 1939), Günther (Jg. 1940), Wolfgang (Jg. 1944), Waltraud (Jg. 1945), Karl-Heinz (Jg. 1947) und Siegrid (Jg. 1949) - zogen später in den Förderweg 59 um.

Die Gemeinderatswahlen vom 5. März 1933 brachten für die KPD ein Wahlergebnis von 23,7 % (Reich: 12,3 %) und neben Stephan Quante (s.o.) und Alfred Mattern (s. Kap. 4.2.1.1) vier weitere Ratsmitglieder:

- **Peter Glomb**, *6.9.1895 in Basan/Schlesien; Bergarbeiter, Förderweg 27
- **Jakob Bogler**, Bergarbeiter, Harkortstraße 13
- **Anna Schirrmacher**, Hausfrau, Bergstraße 44
- **Paul Kursch**, Bergarbeiter, Ulmenhof 42.

4.2.2 Die Ahlener Ortsgruppe der SPD

Die Ahlener SPD war weitaus weniger stark als die KPD und erhielt bei den o.a. Gemeinderatswahlen 11,7 % (Reich: 18,3 %) und drei Ratsmitglieder:

- **Heinrich Wellbrock**, Stadtoberinspektor, Sedanstraße 13
- **Karl Thiemann**, *1.12.1887 in Welper; Bergmann, Richterbach 99
- **Heinrich Möllmann**, Angestellter, Amselweg 20

Neben den genannten waren Hugo Stoffers und Arthur Bunkowski die prominentesten Ahlener Sozialdemokraten.

Hugo Stoffers wurde am 21. Oktober 1905 in Ahlen geboren. Er arbeitete in der Ahlener Schuhfabrik Steinhoff und war nach dem Krieg ihr Geschäftsführer. Stoffers war von 1948 bis 1950 Bürgermeister und von 1951 bis 1963 Ahlens Stadtdirektor. Er starb am 17. Mai 1983 in Beckum.

Arthur Bunkowski, *14. Februar 1909 im ostpreußischen Elbing (wie Max Reimann), war seit Februar 1933 Vorsitzender der Ahlener SPD und seit Mai zeitweise in Haft. Mit Hugo Stoffers und Josef Ledwohn bildete er das legendäre „Ahlener Dreigestirn". 1934 verließ er Ahlen und starb 1988; weitere Informationen bei Rennspieß 1989, S. 289.

Weitere Namen Ahlener Sozialdemokraten s. Kap. 4.2.4.

Auch wenn aktive Sozialdemokrat/-innen und Kommunist/-innen in gleichem Maße Repressalien ausgesetzt waren, ist über eine Zusammenarbeit der beiden Ortsgruppen nichts bekannt. Damit befand sich die Ahlener Sozialdemokratie im Einklang mit der Haltung der SPD im Deutschen Reich, die eine „Einheitsfront" mit „demokratiefeindlichen Kräften" als strategisches Bündnis gegen den Faschismus ausschloss.

Tatsächlich war es wohl so, dass die Bereitschaft zum aktiven, risikoreichen bis hin zum bewaffneten Widerstand stärker unter Kommunist/-innen verbreitet war, Sozialdemokrat/-innen zogen sich eher zurück, waren weniger bereit, „die Helden zu spielen", resignierten. Diese unterschiedlichen Haltungen sollen hier keinesfalls bewertet werden, man mag nur sich selbst fragen, wie man sich in der extremen Ausnahmesituation des Nationalsozialismus verhalten hätte. Drakonisch verfolgt unter Missachtung jeglicher Rechtsstandards wurden beide Parteien.

Gerade angesichts gleicher Wurzeln und einer nahezu identischen Verfolgungsgeschichte erscheint die Überheblichkeit, mit der sich SPD und die Nachfolgeorganisationen der Weimarer KPD bis in die heutigen Tage begegnen, manchmal etwas grotesk …

4.2.3 Politische Verfolgung ohne Organisationshintergrund

Im folgenden wird Personen gedacht, die - ohne erkennbar einer antifaschistischen Organisation anzugehören - sich einfach nur kritisch geäußert oder humanitär gehandelt haben.

Kohlenstraße 54

HIER WOHNTE
FERDINAND KRISKA
JG. 1904
VERHAFTET 14.10.1943
‚STAATSFEINDLICHE ÄUSSERUNG'
ZUCHTHAUS MÜNSTER
TOT IM ZUCHTHAUS
9.12.1943

Kriska, * 11.1.1904 in Berghofen, wurde vermutlich von der Gestapo in Münster erschlagen. Er wurde auf dem Ahlener Ostfriedhof beigesetzt. Seine Ehefrau war vermutlich die Schlesierin **Elisabeth Kriska** (*1901), geb. Nikolaus, sein Sohn **Fred Kriska** (*21.7.1927 in Ahlen). Ob der als verfolgt anerkannte Ahlener **Liborius Kriska** (*6.2.1907 in Dortmund) mit der Familie verwandt ist, ist unbekannt.

Sattelstraße 51

HIER WOHNTE
JOHANN SIKORA
JG. 1888
VERHAFTET MÄRZ 1944
SACHSENHAUSEN
ERMORDET 15.2.1945

Johann Sikora wurde am 12.12.1888 in Roschki, Provinz Posen, geboren; er hatte wohl mindestens zwei Töchter.

Aus den Sozialamtsakten im Kreisarchiv Warendorf[10]: Eine erstmalige Verhaftung im September 1939 erfolgte „während des Polenfeldzuges aus militärischen Sicherheitsgründen auf Veranlassung der Wehrmacht." Die Verhaftung im März 1944 geschah, „weil er nach Deutschland verschleppten Polen Lebensmittel zukommen ließ." Beide Verhaftungen wurden nachfolgend nicht als politische Verfolgung anerkannt, ein entsprechender Antrag seiner Tochter (?) Helene (Jg. 1929) wurde abgelehnt.

Schmalbachstraße 15

HIER WOHNTE
WILHELM PANKE
JG. 1889
VERHAFTET JAN. 1944
‚WEHRKRAFTZERSETZUNG'
POLIZEIGEFÄNGNIS HAMM
ERMORDET 14.8.1944
ZUCHTHAUS BRANDENBURG

Folgender leicht gekürzte Text über das Schicksal von Wilhelm Panke stammt von Hans Sasse, einem inzwischen verstorbenen Ahlener Autoren, der ihn 2004 für die Ausgabe 23 des „Beflügelten Aals" schrieb.

---

10 Bestand Kreisarchiv Warendorf, Kreis Beckum, Sozialamt.

Wilhelm Panke, ein Ahlener Schicksal im Zweiten Weltkrieg

von Hans Sasse

Ich war 1934 gerade elf Jahre alt, als ich Wilhelm Panke kennenlernte. Er wohnte in der Schmalbachstraße 15 und war ein Schulfreund meines Vaters.

Sie waren, 1889 geboren, um die Jahrhundertwende bei dem Lehrer Füchte in der Schule gewesen. Beide waren damals arbeitslos. Mein Vater hatte in Beckum bei einem Schrotthändler Rohre gekauft, die aus einem Dampfkessel stammten. Er brauchte sie für einen Gartenzaun. Wilhelm Panke hatte sich angeboten, die Rohre von Beckum abzuholen. Mein Vater lieh sich bei einem anderen Schulfreund, dem Schreinermeister Stefan Osthues, einen flachen Handkarren, auf dem Schreiner früher Möbel und Särge transportierten. Wilhelm Panke und ich holten den Karren bei Osthues ab und begaben uns auf den Weg nach Beckum. Die Straße war unbelebt. Autos fuhren damals nicht. Um die Mittagszeit kamen wir in Beckum an. Bei dem Schrotthändler an der Oelder Straße luden wir die Rohre auf und machten uns auf den Heimweg. Bergauf half ich schieben, bergab durfte ich auf der Karre sitzen. In der Mittagssonne war der Heimweg beschwerlich und schweißtreibend.

Nach dem Krieg, aus der Gefangenschaft heimgekehrt, fragte ich irgendwann einmal nach Wilhelm Panke. Den haben die Nazis umgebracht, obwohl er zwei Söhne im Krieg verloren hat, hörte ich nur. Ich suchte Verwandte von ihm, konnte aber niemanden finden, der mir hätte Auskunft geben können. Alle Versuche, den überlebenden Sohn Willi zu finden, scheiterten. Über das Bundespresseamt bekam ich Kontakt zum Bundesarchiv, das mir die Unterlagen über das Strafverfahren zusandte. Wilhelm Panke wurde vor nunmehr 60 Jahren, am 14.8.1944, wegen Zersetzung der Wehrkraft in Brandenburg hingerichtet. Er war am 12.6.1944 vom Volksgerichtshof in Potsdam zum Tode unter Aberkennung der Ehrenrechte verurteilt worden. Wilhelm Panke, geboren am 15.4.1889 in Heessen, heiratete am 7.5.1913 Maria, geb. Moor. Sie hatten drei Söhne, 1914, 1918 und 1920 geboren. Er selbst war von 1914 bis 1918 Soldat an der Front in Frankreich gewesen und hatte den Fürst-Lippischen Verdienstorden, das EK II und das Frontkämpfer-Ehrenkreuz erhalten und war dreimal verwundet worden. Der jüngste Sohn Bernhard fiel am 25.8.1941 bei Reval. Der älteste Sohn Hermann war am 28.6.1942 bei Orel gefallen. Der dritte Sohn Willi überlebte den Krieg schwer verwundet. Er hatte einen Arm verloren. …

Wilhelm Panke war seit Anfang des Krieges bei der Eisengießerei Rüter in Hamm als Former beschäftigt. Dort wurden ihm für die Arbeit junge Auszubildende zugeteilt. Es waren drei Fünfzehnjährige, die ihm wechselweise helfen mussten. Bei der Arbeit unterhielt er sich mit ihnen über die Kriegslage, wie es in dieser Zeit wohl viele Menschen in Deutschland getan haben.

Ende 1943, als sich die Kriegslage bedrohlich zu unseren Ungunsten wendete, meinten die Jungen, es sei eine Katastrophe, wenn sie den Krieg verlören. Wilhelm Panke hielt dagegen, das sei nicht so schlimm. Goldene Zeiten würden dann beginnen; unter dem jetzigen System versklave man ja. Es sei die höchste Zeit, dass die Braunen von unseren Straßen verschwänden.

Die Engländer hätten den Bombenkrieg angefangen, meinten die Jungen. Wilhelm Panke sagte: „Nein, das waren wir. Aber die Engländer werden uns unsere Städte schon zusammenschmeißen." Im November 1943 äußerte einer von ihnen die Absicht, sich freiwillig zur Waffen-SS zu melden. Wilhelm Panke antwortete: „Zu diesen Menschenschlächtern willst du, das sind die Unterdrücker der Zivilisation." Dieser Satz findet sich in der Anzeige wegen Zersetzung der Wehrkraft wieder, die am 8.1.1944 bei der Gestapo Dortmund, Außendienststelle Hamm, erstattet wurde. Sie beginnt: „Vertraulich wurde hier bekannt ..." Wilhelm Panke wurde am 10.1.1944 auf seiner Arbeitsstelle verhaftet und in das Polizeigefängnis Hamm eingeliefert. Der Kriminalassessor D. begann sogleich mit seiner Vernehmung. Er hielt ihm die Aussage der drei Jungen vor. Im Ergebnis bestätigte Wilhelm Panke die Aussage. Es könne wohl so gewesen sein. D. fertigte seinen Bericht, der am 5.2.1944 unter Vorführung des Beschuldigten dem Oberreichsanwalt Lautz beim Volksgerichtshof Berlin überreicht wurde. Dieser erstellte am 14.3.1944 die Anklageschrift. Er beantragte, gegen den Angeklagten Wilhelm Panke die Hauptverhandlung vor dem Volksgerichtshof anzuordnen und ihm einen Verteidiger zu bestellen. Die Sache wurde am 20.4.1944 dem 6. Senat zugewiesen. Dieser war zuständig, soweit die Sache nicht in die Zuständigkeit des 1. Senats (Freisler) fiel. Am 24.4.1944 wurde der Rechtsanwalt Wartner aus Potsdam zum Verteidiger bestellt, der die Akteneinsicht am 26.4.1944 bestätigte. Bis dahin war Wilhelm Panke ohne Rechtsbeistand. Die Hauptverhandlung wurde auf Montag, den 12.6.1944, um 11 Uhr in Potsdam anberaumt. Die voraussichtliche Dauer der Verhandlung wurde mit 1 1/2 Stunden angegeben. Die Verhandlung am 12.6.1944 führte der Volksgerichtsrat Hartmann, PG seit dem 1.5.1933. Berichterstatter war der Landgerichtsdirektor Dr. Hans Lorenz, PG seit dem 1.5.1933. Als Beisitzer waren anwesend: Brigadeführer Daniel Hauer und der Admiral z. V. Willy von Nordeck, Direktor der Kriegsmarinewerft Wilhelmshaven. Als Zeugen waren die drei Jungen erschienen. Zwei von ihnen blieben wegen Eidesunmündigkeit unvereidigt. Einer leistete den Zeugeneid. Er war inzwischen 16 Jahre alt geworden. Als Vertreter des Oberreichsanwalts war der Landgerichtsrat Dr. Bernhard Bach, PG seit dem 1.5.1933, zugegen. Er beantragte die Todesstrafe und lebenslangen Ehrverlust. Der Verteidiger regte die Annahme eines minderschweren Falles an. Um 13.05 Uhr wurde das Urteil verkündet: Der Angeklagte hat in seinem Betrieb gegenüber Lehrlingen während eines Jahres fortgesetzt und planmäßig staatsabträgliche und defätistische Äußerungen getan. Er wird deshalb wegen Wehrkraftzersetzung zum Tode verurteilt. Er trägt auch die Kosten des Verfahrens.

In der Urteilsbegründung heißt es u. a.: „Er hat augenscheinlich seine frühere vaterländische Einstellung aufgegeben und ist zum Gegner des nationalsozialistischen Reiches geworden. Er hat auch öffentlich im Sinne des Gesetzes gehandelt, da er bei keinem Zeugen die Gewissheit hatte, dass er das

Gehörte für sich behalten werde. Er rechnete vielmehr damit, dass seine Äußerungen weitererzählt würden. Er hat es mithin bewusst unternommen, öffentlich den Willen des deutschen Volkes zur wehrhaften Selbstbehauptung zu lähmen." Nach § 5 KSSVO (Kriegssonderstrafrechtsverordnung) war nur die öffentliche Wehrkraftzersetzung mit dem Tode bedroht. Wilhelm Panke hat sich jeweils nur mit einem der Zeugen allein unterhalten. Das ergibt sich eindeutig aus den Vernehmungen des Kriminalassessors D., der diese Tatsache in jeder Vernehmung besonders erwähnte. Wilhelm Panke wurde also im Urteil mit Unterstellungen das Erfordernis der öffentlichen Wehrkraftzersetzung angehängt. Weiter heißt es in der Urteilsbegründung: „Der Angeklagte hat in diesem Krieg durch den Heldentod sewiner zwei Söhne schwere Blutopfer gebracht. Er selbst hat sich im vorigen Weltkrieg als tapferer Soldat bewährt. Dies sind Umstände, die bei der Bemessung der Strafe berücksichtigt werden müssen. Sie können in diesem Falle jedoch nicht dazu führen, die Tat als minderschweren Fall im Sinne des § 5 KSSVO zu beurteilen." Nach der Verhandlung wurden dem Verurteilten Fesseln angelegt. Wer gefesselt den Schwurgerichtssaal verließ, war zum Tode verurteilt worden. Die Fesseln behielt der Verurteilte bis zu seiner Hinrichtung an. Er musste auch nachts bei grellem Licht mit ihnen schlafen. Den Verurteilten wurde seit Ende 1942 priesterlicher Beistand verwehrt. Wilhelm Panke reichte ein Gnadengesuch ein. Er bat um Umwandlung der Todesstrafe in eine Freiheitsstrafe. Seine Frau wies in ihrem Gnadengesuch auf den Tod der Söhne hin und darauf, dass ein dritter Sohn an der Front stehe. Sollte auch dieser noch fallen und es würde ihr nun noch der Mann genommen, dann sei das Leben für sie nicht mehr lebenswert. Die Gnadengesuche wurden abgelehnt. Am 26.7.1944 erging die Entscheidung des Justizministers: „... hat sich mehrfach Jugendlichen gegenüber defätistisch geäußert ... Vollstrecken!" Adolf Hitler hatte am 26.4.1942 seine letzte Rede vor dem deutschen Reichstag gehalten. In dieser Reichstagssitzung ließ er sich das alleinige Begnadigungsrecht zuerkennen. Danach wurde kein Todesurteil wegen Zersetzung der Wehrkraft mehr in eine Haftstrafe umgewandelt. So starben am 14.8.1944 in Brandenburg, in der Zeit von 11.34–12.28 Uhr, in Abständen von zwei Minuten, 28 Verurteilte unter dem Fallbeil. Wilhelm Panke war der Fünfte. Er starb um 11.42 Uhr. Die Hinrichtung verlief ohne Zwischenfall. Die Leichen kamen in einfache Holzkisten und wurden anschließend sofort im Krematorium verbrannt. Die Bitte der Frau Panke um die Asche ihres Mannes wurde abgelehnt.

Einige Zeit nach der Hinrichtung erhielt Frau Panke eine Kostenrechnung, die sofort beglichen werden musste:

Hinrichtungsgebühr	*300,00 RM*
Verpflegungskosten für 216 Tage Haft à 1,50 RM	*324,00 RM*
Porto	*0,12 RM*
	624,12 RM

Ihr wurde verboten, den Tod ihres Mannes bekannt zu geben.

Die Daten, die die Mitglieder des Volksgerichtshofes betreffen, wurden dem Buch „Volksgerichtshof" von Hannsjoachim W. Koch entnommen.

Wilhelm Pankes Ehefrau **Maria** (*30.6.1888) starb am 20.8.1956, sein Sohn hieß ebenfalls Wilhelm.

Dr. Bruno Wagler
Dr. Wagler war Leiter des Realgymnasiums und wurde 1934 aus dem Amt entlassen, unterrichtete aber weiter in Hamm. Im Sommer 1944 verbrachte er mehrere Tage im Zuchthaus Münster. „Man konnte ihm keine Beziehung zu den Attentätern auf Hitler nachweisen" (Schwarze 2015, S. 42).

Ewald von Kleist
Ewald Albert Friedrich Karl Leopold Arnold von Kleist-Schmenzin wurde am 22.3.1890 in Pommern geboren. Er zählte zum Verschwörerkreis der Hitlerattentäter und wurde am 9. April 1945 in Berlin Plötzensee hingerichtet. Die Witwe Alice, geb. Kuhlwein von Rathenow, sowie die Kinder Mechthild-Elisabeth, Ansgar und Wilfried-Theodor wohnten nach dem Krieg offenbar zeitweise in Ahlen (vgl. Langewand 2021, S. 78–82).

4.2.4 *Weitere politisch Verfolgte*

Die politische Verfolgung und KZ-Inhaftierung folgender bisher nicht erwähnter Personen waren in der frühen Bundesrepublik Gegenstand entsprechender Entschädigungsanträge und der darin enthaltenen Begründungen. Die Zugehörigkeit zu einer Partei oder Gewerkschaft ist dabei nicht erfasst. Im Einzelfall war nicht sicher, ob die antragstellende Person für sich selbst oder für eine/n geschädigte/n Familienangehörige/n sprach.

Entschädigungsanträge wegen erlittener Bombenschäden („Kriegsopfer") werden nicht berücksichtigt.

Albers, SPD

Albert Bauer, KPD oder Umfeldorganisationen

Theodor Bauer

Matthias Benda, ‚Moorsoldat'

Hubert Büscher, *17.3.1889, wurde am 1.8.1936 von der Zeche Westfalen wegen seiner „Glaubensüberzeugung" entlassen, damit einher ging der Verlust von Rentenansprüchen sowie des Arbeitsbuches, 1938 verlor er seine Wohnung in der Schachtstraße 30. Seine Ehefrau war **Franziska Büscher** (*17.3.1899).

Käthe Burghardt, geb. Goldkuhle, wurde am 10.10.1941 von der Gestapo verhaftet und saß für fünf Wochen in der Dortmunder Steinwache, anschließend kam sie ins Polizeigefängnis Herne, von dort ins Frauen-KZ Ravensbrück (29.8.1942 - 8.5.1945). Nach der Bombardierung Dresdens wurde sie dort zu Aufräumarbeiten eingesetzt. Käthe Burghardt wohnte auf dem Bgm.-Corneli-Ring 62.

Der Ahlener Stadtdirektor bestritt noch in einem Schreiben vom 24.9.1956 ihren Status als Verfolgte und bescheinigte ihr ein „arrogantes und flegelhaftes Benehmen". Im weiteren heißt es: „Als Herumtreiberin und weil sie sich mit ausländischen Gefangenen abgegeben hatte, ... war die Burghardt eingesperrt worden. Mit Politik hatte diese Person nie etwas zu tun gehabt." Sie „beansprucht eine besondere Betreuung, weil sie im Konzentrationslager gesessen hat. ... Jetzt lebt die Antragstellerin in Ahlen und hat drei Kinder von einem Polen, der für seine Nachkommen nicht aufkommt."

Offenbar hatte die nationalsozialistische Gedankenwelt 1956 in der Ahlener Stadtverwaltung und in anderen Behörden noch immer ihre Sympathisanten. Nach dreieinhalb Jahren Gefängnis- und KZ-Aufenthalte Leistungsansprüche derart in Zweifel zu ziehen, erzeugt Gänsehaut, genauso die rassistische Argumentation im Fall Mossal und die Ablehnungsbegründung für Wilhelmine Petzold, einer weiteren Frau ... (beide s.u.).

Die verantwortlichen Stellen waren in einem Fall die Landesrentenbehörde, in den beiden anderen die Stadt Ahlen. Ihr Stadtdirektor hieß übrigens Hugo Stoffers, SPD ....

Hedwig (geb. Grotsch am 15.7.1904 in Hettstedt) **und Emil Danowski** (*27.12.1908 in Lütgendortmund). Beide wurden laut Akten in Ahlen verhaftet, sie war u.a. im KZ Schönhausen (Bergkamen) sowie in der Schutzhaftanstalt Brauweiler, er bis 1935 u.a. in den KZ Börgermoor und Neusustrum inhaftiert.

Walter und Willi de Graaf waren Häftlinge in den Emslandlagern, ob sie Brüder waren, ist unsicher. Für Walter ist im Adressbuch von 1928 An der Zechenbahn 28 verzeichnet. **Hedwig de Graaf** bezog nach dem Krieg Wiedergutmachungsleistungen.

Der Brenner **Josef de Laer**, *5.7.1903 in Büderich, Kreis Soest, war von 1933 bis 1935 politischer Häftling. Er lebte mit seiner Frau **Anna** (*18.12.1904) in der Warendorfer Straße 181.

Meta Drabeck

Anton Eckhardt, *12.4.1886 in Mackinzell (gemeint ist wahrscheinlich Hünfeld-Mackenzell), SPD, Bergmann; inhaftiert wahrscheinlich im Zuchthaus Münster; Eckhardt starb am 15.2.1944 im schwäbischen Kaisheim. Möglicherweise war er dort Häftling im örtlichen Zuchthaus. In Ahlen lebte er Im Erlengrund 28.

Theodor Fereschilt

Adolf Finke

Karl Godo, KPD oder Umfeldorganisationen

Robert Görlitz, ‚Moorsoldat', Gemmericher Straße 105

Paul Grimminger, ‚Moorsoldat', Am Sudholtshof 26

Anton Gröschel, *19.2.1904 in Klostergrab, Tschechoslowakei, Fabrikarbeiter, wurde am 2.11.1934 gemeinsam mit Artur Manteufel (s. Kap. 4.2.1.1), Ludwig Lohöfer (s.u.) und Rudolf Neike (s.u.) vom Oberlandesgericht in Hamm wegen „Vorbereitung zum Hochverrat" zu zweieinhalb Jahren Gefängnis verurteilt. Gröschel wohnte in der Walstedder Straße 23a.

Fritz Hagemeyer, ‚Moorsoldat', Kleibringstiege 21

Der Bergmann **Viktor Hainz**, *12.4.1906 in Radzionków (früher Radzionkau/Oberschlesien), lebte mit seiner Familie – Ehefrau **Sofie**, *27.3.1911, und den Töchtern Renate (Jg. 1935), Alice (Jg. 1936), Ruthe (Jg. 1940), Sonja (Jg. 1946) – im Buchenweg 14. Er war 1933/34 aus politischen Gründen in Haft und machte seine „wirtschaftliche Notlage" geltend.

Bertram Hardt

Miriam Hoffmann

Alfred Hoy, *8.6.1897 in Cainsdorf, SPD

Ernst Jahn, ‚Moorsoldat'

Siegmund Janowski war als kommunistischer Aktivist Häftling in den Emslandlagern. Ob sein früher Tod in Zusammenhang mit seiner Haft stand, ist unklar. Er lebte mit seiner Frau **Johanna**, geb. **Rybaczik** am 12.5.1915 in Bockum-Hövel, und den Kindern Sigmund (Jg. 1933), Herbert (Jg. 1937) und Margarete (Jg. 1938) im Buchenweg 11.

Junkel, KPD oder Umfeldorganisationen

Karl Kalkbrenner, KPD oder Umfeldorganisationen

Die Ahlener VHS-Geschichtswerkstatt wies auf den Journalisten **Walter Küchenmeister** (*9.1.1897 in Waldheim/Schlesien) hin. Er trat 1921 von der SPD zur KPD über und arbeitete in den 20er Jahren als Journalist bei der Westfälischen Arbeiterzeitung und dem Ruhr-Echo. Bis 1929 lebte die Familie in der Ahlener Kampstraße, ehe sie nach Berlin umzog. Am 16.9.42 wurde er festgenommen und vom Reichskriegsgericht wegen Zugehörigkeit zur Widerstandsorganisation „Die Rote Kapelle" verurteilt. Walter Küchenmeister wurde am 13.5.1943 in der zentralen Hinrichtungsstätte Berlin-Plötzensee mit dem Fallbeil enthauptet, Max Reimann bezeichnete ihn als seinen „Lehrmeister".

Sein Sohn **Rainer,** *4.10.1926 in Ahlen, unterstützte seinen Vater bei der politischen Widerstandsarbeit in Berlin. Auch er wurde festgenommen und im Jugend-KZ Moringen (s. Kap. 5) inhaftiert, noch 1945 wurde er in ein Strafbataillon der Wehrmacht gesteckt. Nach der Befreiung arbeitete er als Maler und war Mitglied der Akademie der Künste in Berlin. Rainer Küchenmeister starb am 6.5.2010 in Paris, wo er zeitweise lebte.
Für die Familie - Mutter **Elfriede Paul,** *14.1.1900 in Köln, wurde am 19.4.1945 aus dem Frauengefängnis Leipzig-Meusdorf befreit - liegen seit 2010 Stolpersteine in der Sächsischen Straße 63 a in Berlin-Wilmersdorf.

Abb. 72: Der Stolperstein für Walter Küchenmeister vor dem Haus Sächsische Straße 63 A in Berlin.

Ehepaar **Lange**, KPD oder Umfeldorganisationen; s.a. Kap. 7.

Heinrich Leithoff

Franz Lenz, SPD

Ludwig Lohöfer, *17.4.1910 in Hamm, Fabrikarbeiter, wurde am 2.11.1934 gemeinsam mit Artur Manteufel (s. Kap. 4.2.1.1), Anton Gröschel (s.o.) und Rudolf Neike (s.u.) vom Oberlandesgericht in Hamm wegen „Vorbereitung zum Hochverrat" zu zweieinhalb Jahren Gefängnis verurteilt. Lohöfer wohnte Im Sack 26 (heute Rosenstraße).

Julian Lubojanski, *11.4.1882 in Kępno/Kempen; vermutlich polnischer Zwangsarbeiter (s. Kap. 8); war 1940 im KZ Dachau inhaftiert.

Josef Maas, SPD

Wilhelm Manteufel (*6.5.1905 in Castrop, gest. 17.9.1976) war ein älterer Bruder von Artur Manteufel (s. Kap. 4.2.1.1) und Bergmann auf der Zeche Westfalen. Er stand der KPD nahe, war vermutlich sogar Mitglied. Wilhelm Manteufel wohnte seinerzeit am Buchenweg 8 und stellte für sich, seine Frau Gertrud (*9.12.1909) und seine fünf Kinder einen Entschädigungsantrag, in dem er seine Schutzhaftzeit 1933-1934 und die darin erlittenen Misshandlungen anführte.

Kurt Martin

B. Milizewski

Dietrich Möllmann, *9.3.1877 in Dortmund, SPD; er wohnte in der Kopernikusstraße 52.

Elsa Mossal, ihr Anspruch nach dem BEG (Bundesentschädigungsgesetz) wurde abgelehnt. Das Standesamt Essen verweigerte 1938 die Eheschließung mit Ewald Schmidt, verstorben am 28.4.1942, „weil Ihr Verlobter Halbjude im Sinne der damaligen Rassengesetze war. Die Voraussetzungen ... sind in Ihrem Fall nicht erfüllt" (Landesrentenbehörde am 23.9.1958, gez. Scheibe). Elsa Mossal wohnte Am Posthorn 2.
Ein weiterer Entschädigungsantrag für politische Verfolgung liegt vor für **Ewald Mossal**. Ob er mit Elsa Mossal verwandt war, ist unklar.

Jakob Müller, *4.2.1892 in Ungarn.

Rudolf Neike, *2.9.1901 in Rühle (Ortsteil von Bodenwerder oder Meppen), Fabrikarbeiter, wurde am 2.11.1934 gemeinsam mit Artur Manteufel (s. Kap. 4.2.1.1), Ludwig Lohöfer (s.o.) und Anton Gröschel (s.o.) vom Oberlandesgericht in Hamm wegen „Vorbereitung zum Hochverrat" zu einem Jahr und neun Monaten Gefängnis verurteilt. Neike wohnte in der Gartenstraße 12.

Der Bergmann **August Penquitt**, *9.1.1895 in Nikielkowo (früher Nickelsdorf im ostpreußischen Ermland), wurde am 2.6.1933 von der Gestapo verhaftet. Er lebte mit seiner Frau **Minna** (*19.6.1898) und dem Sohn Erwin (Jg. 1929) zunächst am Eckelshof 51, später in der Gemmericher Straße 92.

Fritz Peters, KPD oder Umfeldorganisationen

Wilhelmine Petzold, geb. Lässig am 10.8.1893 in Ahlen, SPD; sie ist vom 16.9. bis zum 6.10.1933 als Häftling im Frauen-KZ Brauweiler verzeichnet. Sie lebte später in Olfen.
In einem Kommentar zu Petzolds Wiedergutmachungsantrag unterstellte ihr ein Mitarbeiter der Stadtverwaltung 1955 eine Nähe zum NS-Regime, aber „abseits der Linie Scholdra". Außerdem sei sie „immer nur kurze Zeit inhaftiert" gewesen. Andere Zeugen bestritten gleichfalls ihren Status als Verfolgte und behaupteten gar eine Mitgliedschaft in der NS-Frauenschaft.

Walter Poller, SPD

Johann Pniewski, *4.2.1904 in Brodnica (früher Strasburg/Westpreußen), kam vermutlich als Zwangsarbeiter nach Ahlen (s. Kap. 8). Er war Bergmann auf der Zeche Westfalen. Seiner Familie (Ehefrau **Elfriede**, *5.8.1913, Tochter Hertha, Jg. 1932) wurde bei einer Razzia im April 1933 aus politischen Gründen große Teile des Haushalts beschlagnahmt, sie lebte damals in Hamm-Herringen, zog später nach Ahlen, Im Erlengrund 16, um.

Josef Prinz, *25.4.1903 in Ahlen

Fritz Rath, SPD

Schneider, SPD

Bernhard Schnitzmeier, *7.3.1902 in Neubeckum, Ahlener Adresse: Alter Hof 6; Schnitzmeier war 1938 Insasse im Polizeigefängnis Recklinghausen und im KZ Sachsenhausen, wo er im April 1939 entlassen wurde. 1941 zog er nach Münster. Die Gründe seiner Inhaftierung sind nicht bekannt.

Anton Schroer, *18.11.1889, war aus politischen Gründen in Haft und 1939 im KZ Papenburg gestorben, offizielle Todesursache: Genickstarre. Er war verheiratet mit **Therese** geb. **Wieseotte** am 17.3.1891. Wo das Paar in Ahlen lebte, ist unbekannt, Therese wohnte nach dem Krieg in der Warendorfer Straße 47.

Seifert, SPD

Heinrich Siethoff, *24.4.1887 in Ahlen, SPD; Siethoff litt unter „psychischen und physischen Anomalien" und wurde 1935 in Hamm sterilisiert.

Heinrich Sterwerf, SPD

Dietrich Stratmann, KPD oder Umfeldorganisationen

Franz Thal, *20.9.1886 in Puschdorf, Krs. Insterburg (Ostpr.), SPD; Bergmann, nach dem Krieg Invalide. Er lebte mit seiner Frau **Anna** (*13.2.1891) in der Kopernikusstraße 41.

Josef Thamm, ‚Moorsoldat', Am Stockpiper 87

Georg Thiemann, SPD

Richard Thiemann, *12.1.1904 in Witten, SPD; Beruf: Werkmeister; Thiemann machte in seinem Entschädigungsantrag die „Stilllegung seines Schlossereibetriebes 1935" geltend, ferner den Verlust an Sachwerten i.H.v. 15.000 Mark; er erhielt danach bis 1938 Zuwendungen aus der öffentlichen Fürsorge; ein weiterer Entschädigungsantrag bezieht sich auf Zerstörungen durch den Bombenangriff vom 22.10.1944 sowie „Diebstahl"; Thiemann lebte mit seiner Frau **Else** (*18.10.1909) sowie den Kindern Horst (Jg. 1935) und Käthe (Jg. 1937) in der Warendorfer Straße 139.

Friedrich Trussat

Der Ahlener **Franz Ueding,** *29.7.1913 in Wanne-Eickel, wurde am 5.6.1938 verhaftet und starb am 9.3.1940 („um 1 Uhr 30 Minuten") im KZ Sachsenhausen, Todesursache: Darmkatarrh. Seine Mutter Klara (*29.3.1889 in Ahlen, wohnhaft Oststraße 18) gab an, der Sohn sei der Ernährer der Familie gewesen. Franz Ueding war verheiratet mit **Anneliese**, geb. **Schmitt**, beide lebten in Dortmund.

August Weber, ‚Moorsoldat'

Manfred Weber

Josef Wenz, *7.1.1901 in Köln, KPD oder Umfeldorganisationen; er arbeitete als Bauarbeiter für eine Dortmunder Firma auf der Zeche Westfalen und wohnte mit seiner Frau **Ida** (*23.12.1894) und seinen Töchtern Josefine (Jg. 1930, Fabrikarbeiterin), Käthe (Jg. 1936) und Ursula (Jg. 1940) zunächst in der Selma-Englisch-Straße, früher Am Rüenberg 18, nach dem Krieg zeitweise in einem „Behelfsheim" am Borsigweg 17c. Er gab an, politisch inhaftiert gewesen zu sein und bezog seit 1958 eine Berufsunfähigkeitsrente.

Franz Westermann, *1.4.1900 in Lichtendorf/Dortmund;

Josef Wölk

Der Bergmann **Bernhard Wolkenfeld** war 1933 politischer Häftling in einem der Emslandlager. Er wohnte mit seiner Frau zunächst am Eckelshof 6, später in der Kapellenstraße 3.

Zusammenstellung der Namen nach Rennspieß 1989, Grevelhörster und Schorfheide 1990 sowie nach den Entschädigungsakten im Kreisarchiv (ohne Anspruch auf Vollständigkeit).

4.3 Verfolgte aus Ahlener Kirchenkreisen

Die Geschichtswerkstatt der Ahlener Volkshochschule beschrieb 2015 die Lage der Religionsgemeinschaften während der NS-Zeit. Auch wenn man sich vor historischen Pauschalurteilen hüten sollte, so lässt sich feststellen, dass sich Widerstand gegen den Nationalsozialismus auf örtlicher Ebene eher bei der katholischen Kirche findet. Auch Heinz Aden stellt eine tiefe Verstrickung der evangelischen Kirche „in den Ungeist der NS-Diktatur" (Aden, S. 77) fest.

Aus der Untersuchung von Bernward Schwarze über die katholischen Kirchengemeinden ergaben sich zunächst Stolpersteine für die Kaplane Johannes Sonnenschein und Andreas Grüter.

St.-Josef-Kirche, Rottmannstraße 111 b

HIER PREDIGTE
JOHANNES SONNENSCHEIN
JG. 1912
IM CHRISTLICHEN WIDERSTAND
VERHAFTET 8.3.1942
MÜNSTER
30.5.1942 DACHAU
9.4.1945 ENTLASSEN

Pfarrer Johannes Sonnenschein, *30.5.1912 in Bocholt, wurde nach seiner Priesterweihe 1936 in Münster am 29.2.1940 zum Kaplan in der Kirchengemeinde St. Josef. Durch seine oppositionelle Jugendarbeit und die Verbreitung des „Mölders-Briefes" zog er die Aufmerksamkeit der Gestapo auf sich, die ihn am 8.3.1942 verhaftete.

„Es handelt sich um einen Brief, in dem sich scheinbar der berühmte Jagdflieger Werner Mölders (1913–1941) kritisch zu dem NS-Regime äußerte. Der Luftwaffenoberst war ab August 1941 General der Jagdflieger. Kurze Zeit spä-

ter verunglückte er tödlich. Der Brief war zwar eine Fälschung des britischen Geheimdienstes, der Inhalt jedoch nichtsdestoweniger begründet. Er wurde auch für wahr gehalten. In England wurde eine kleine Menge Flugblätter hergestellt. Diese Fälschungen waren mit einer deutschen Schreibmaschine geschrieben und auf ebenfalls gefälschte Meldeformulare der Luftwaffen-Nachrichtentruppe gedruckt. Sie wurden von zwei schnellen niedrig fliegenden Mosquitos in der Nähe der deutschen Nachtjägerbasen Münster-Handorf und Rheine abgeworfen, als die dort stationierten deutschen Maschinen im Einsatz gegen eingeflogene britische Bomberverbände gestartet waren."[11]

Nach Gefängnisaufenthalten in Ahlen und Münster - Vorwurf „Schädigung der Volksgemeinschaft" - kam er am 29.5.1942 ins KZ Dachau. Keiner seiner Inhaftierungen lag ein Gerichtsurteil zugrunde. Nach seiner Entlassung am 9.4.1945 nahm er verschiedene Pfarrerstellen im Münsterland ein, Sonnenschein starb am 31.8.2003 in Ahaus. Näheres zu Sonnenscheins Lebensweg siehe Frieling 1993, S. 59–71.

Marienkirche, Oststraße

HIER PREDIGTE
ANDREAS GRÜTER
JG. 1898
IM CHRISTLICHEN WIDERSTAND
VERHAFTET 1939
GEFÄNGNIS BOCHUM
ENTLASSEN 1941

Andreas Grüter, *22.11.1898 in Brochterbeck, kam 1934 zunächst als Kaplan, dann als Vikar zur Ahlener Marienkirche. Er wurde am 24.4.1939 verhaftet und am 20.10. zu einer zweijährigen Haftstrafe verurteilt. Seine Gegnerschaft zum NS-Regime wurde zunächst als „Hochverrat" gewertet, später zu „Heimtücke" abgemildert. Am Tage seiner Entlassung erhielt er eine Warnung aus dem Generalvikariat, laut der eine erneute Verhaftung durch die Gestapo und die Einweisung in ein KZ unmittelbar bevorstand. Grüter tauchte daraufhin unter.

Das Heimtückegesetz war eine Erfindung der NS-Justiz und verfolgte Vergehen wie „Diskreditierung", unberechtigtes Tragen von Uniformen und Abzeichen, „Verbreitung von Unwahrheiten". Die Strafen waren vergleichsweise milde (Schutzhaft, Rede- und Aufenthaltsverbot), die Todesstrafe droh-

---

11 https://www.karl-leisner.de/wp-content/uploads/2015/09/08Sonnenschein.pdf

te erst, wenn das Vergehen nach der Volksschädlingsverordnung erweitert oder als Wehrkraftzersetzung gewertet wurde. Grüters immerhin zweijährige Haft in Ahlen und Bochum deutet auf ein härteres Urteil hin, die Begründung liegt nicht vor.

Nach seiner Entlassung arbeitete Grüter weiter als Pfarrer, zunächst in Ochtrup, dann in Duisburg-Hamborn. Er starb am 10. Januar 1974.

Schwarze weist auf weitere katholische Würdenträger hin, die von den Nationalsozialisten in ihrer Berufsausübung behindert wurden:

Pater Joseph Schmidt, *9.8.1908 in Ahlen, predigte in St. Josef; wurde wegen seiner gegnerischen Äußerungen von den Nazis immer wieder zur Flucht veranlasst. Einzelheiten siehe in den Aufzeichnungen seines Bruders Hans Temme (1993, S. 61–64). Schmidt starb am 30.8.1981 in Münster-Hiltrup.

Norbert Enste kam 1934 zu St. Marien und leitete dort die Jugendarbeit. Seine Unerschrockenheit gegenüber behördlicher Willkür brachte ihm Schikanen und Prügel ein. Enste wohnte auf der Nordstraße.

Ferner: KAPLAN SCHEIERMANN
KAPLAN THIELE
VIKAR MENGELMANN
KAPLAN TRAPPE

(ohne Anspruch auf Vollständigkeit; s. Schwarze 2015)

5. Zeugen Jehovas (Bibelforscher)

Im Juni 1996 erschien bei der Volkshochschule Ahlen eine Broschüre unter dem Titel „Die Verfolgung der Zeugen Jehovas in Ahlen 1933 - 1945". Dennoch fiel bei den Führungen auf, dass diese christliche Glaubensgemeinschaft als Opfer des Nationalsozialismus nicht bekannt war. Dabei waren von den etwa 25.000 bis 30.000 Zeugen Jehovas, die 1933 in Deutschland lebten, 10.700 „von Verfolgungsmaßnahmen wie Entlassungen, Rentenentzug oder Wegnahme der Kinder betroffen" (Garbe 2016, S. 6) oder für unterschiedlich lange Zeit in Gefangenschaft, davon 2.800 in Konzentrationslagern. Die Zahl der Todesopfer liegt bei 1.450, davon wurden etwa 300 wegen Kriegsdienstverweigerung hingerichtet (s. ebenda, S. 7). Bekannt wurde das Frauen-KZ Moringen im heutigen niedersächsischen Landkreis Northeim, wo die Zeuginnen Jehovas nach den Kommunistinnen die zweitgrößte Gruppe waren. Andere wichtige Aufnahmelager: Esterwegen, Ravensbrück, Sachsenburg, Wewelsburg. Das Erkennungszeichen: der lila Winkel.

Bis in die 80er Jahre hinein blieben die Opferschicksale der Bibelforscher, wie sich die Zeugen Jehovas seit 1931 selbst nannten, unbeachtet, Entschädigungen wurden nicht gewährt. Öffentliche Proteste blieben aus, sicher auch wegen der dogmatischen Missionspraktiken verbunden mit einem exklusiven Wahrheitsanspruch. Gleichwohl hat die bundesdeutsche Rechtsprechung die Zeugen Jehovas 2006 als Körperschaft des Öffentlichen Rechts anerkannt und sie somit anderen Religionsgemeinschaften gleichgestellt. Die Nazis hingegen haben die Bibelforscher als „Wegbereiter des jüdischen Bolschewismus" gnadenlos bekämpft (s. Garbe, 2016, S. 2).

Die Verfolgungsgeschichte der Zeugen Jehovas legte auch Widersprüche in der Nazi-Rechtsprechung offen. Sie wurden zwar als erste Glaubensgemeinschaft ab April 1933 nach und nach verboten, der ersten Verhaftungswelle folgten aber auch viele Freisprüche, da in den ersten Jahren noch die preußische Religionsfreiheit galt, der sich viele Richter verpflichtet fühlten. Ab 1936 eskalierte der Terror gegen sie, Folter, Hunger, Tod durch Arbeit waren die Haupttodesursachen. Eine zunehmende Zahl von „unnatürlichen Todesfällen" wurde oftmals getarnt als „Selbstmord durch Erhängen" (s. Garbe 1999, S. 256).

Als während des Krieges SS und Gestapo Kriegsdelikte durch Exekutionen ahndete, schaltete sich das Reichsjustizministerium ein und warf den Polizeibehörden Eigenmächtigkeit vor. Selbst Hitler stellte fest, dass es eine allgemeine Vollmacht der SS nicht gegeben habe. Ministerpräsident Hermann Göring verfügte daraufhin, „dass Todesstrafen niemals ohne Urteil vollstreckt werden könnten" (ebenda, S. 425), allerdings seien unter den herrschenden Kriegsbedingungen die Gerichte vielfach überlastet.

Die Mitglieder des „Geheimbundes" machten sich stets des Hochverrats verdächtig. Die Gründe dafür liegen in einem konsequenten Christentum, das den Nationalsozialismus als Ersatzreligion aller Deutschen sowie Hitler

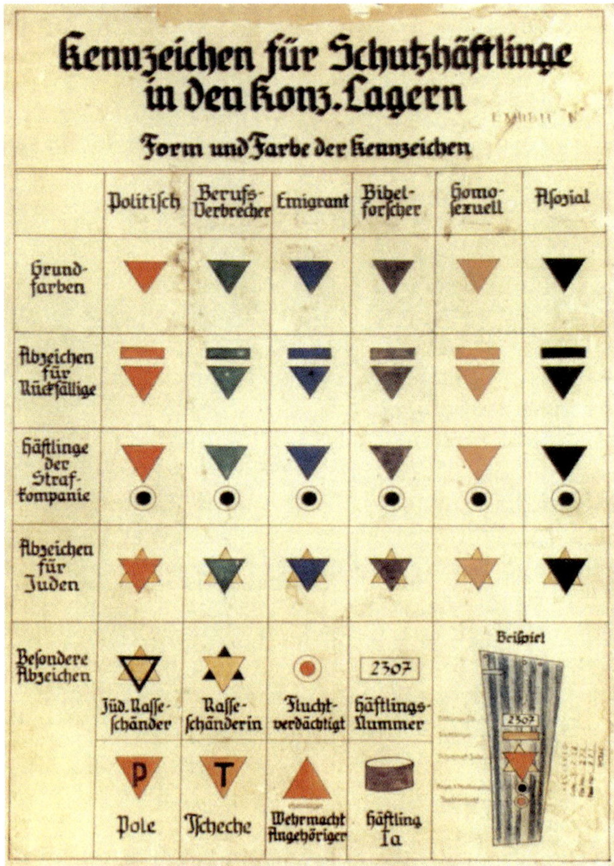

Abb. 73: Der lila Winkel als Kennzeichen der Bibelforscher in den Konzentrationslagern

als gottähnliche Erscheinung ablehnte. Als oberste Autorität habe der allmächtige Gott für Christen unumstritten zu sein (s. Die Verfolgung …, S. 9 f). Verweigerung der Beflaggung und des Hitler-Grußes sowie Wahlenthaltung wurden von den Behörden nicht toleriert, auch wenn diese Entscheidungen ausschließlich religiös begründet wurden. Zur Reichstagswahl vom 5.3.1933 hieß es in der Schrift „Unser Kampf und Hitlers ‚Mein Kampf'": „Wir beteiligen uns nicht an der Wahl, weil wir unseren König Christus ein für allemal gewählt haben und ihm folgen werden, wohin er geht. Wir kämpfen für ihn und mit ihm, weil wir ihn lieben, achten und kennen! Warum will man uns unbedingt an der Wahlurne haben?" (zitiert nach Garbe, S. 155).

Der zweite Verfolgungsgrund, der auch zu den meisten Todesurteilen führte, war die Ablehnung des Fahneneides und die Kriegsdienstverweigerung (Gehorsamspflicht hat Vorrang vor Gewissenspflicht, s. ebenda, S. 354). Der Kriegsdienst mit der Waffe wurde biblisch motiviert rigoros abgelehnt, andere z.B. humanitäre Einsätze bei der Wehrmacht wie als Sanitäter jedoch nicht ausgeschlossen.

Der NS-Staat konnte sich im übrigen bis in die Mitte der 30er Jahre auf die Unterstützung der beiden großen Kirchen verlassen, die Gestapo suchte sich dort den „sektenkundlichen Sachverstand" (ebenda, S. 119), der ihr fehlte. Vor allem die evangelische Kirche zeigte eine gewisse Beflissenheit, den Behörden zur Hand zu gehen. Bekannt wurde „ein Vikar aus dem Münsterland ..., vor dessen Wohnungstür am 22. Oktober 1939 die Bibelforscherschrift ‚Krieg oder Frieden?' niedergelegt worden war. Er sah sich nicht nur zur sofortigen Verständigung der Polizei bemüßigt, sondern teilte dieser auch noch mit, wer nach seiner Meinung als Täter in Frage kommen könnte" (ebenda, S. 120).

In Ahlen führte im Januar 1939 der „Offene Brief an das bibelgläubige Volk Deutschlands", der als illegales Hetzblatt gewertet wurde, zur Verurteilung von 16 Zeugen Jehovas; Hauptvorwurf: Verbreitung verbotener Schriften (s. Die Verfolgung ..., S. 26 u.a.).

Sattelstraße 27

HIER WOHNTE
EDUARD BALTRUSCHAT
ZEUGE JEHOVAS
JG. 1907
DEPORTIERT NOV. 1941
FLOSSENBÜRG
ERMORDET 27.7.1942

Eduard Baltruschat war zwischen 1934 und 1939 mehrfach in Haft, laut Wiedergutmachungsakte waren seine Stationen: zweimal Polizeigefängnis Ahlen, KZ Oranienburg, Polizeigefängnis Bochum, zuletzt KZ Flossenbürg (s. Sozialamtsakten Kreisarchiv Warendorf).[12] Über sein Schicksal heißt es weiter: „Als Bruder Baltruschat im Jahre 1936 feste Arbeit bekam, lehnte er aus biblischen und aus Gewissensgründen die Aufforderung ab, der Deutschen Arbeitsfront beizutreten. Sie wissen ja vielleicht, dass dies eine Massenorganisation war, die den Rest derer, die praktisch nicht durch die Partei erfasst werden konnten, sozusagen ideologisch beeinflussen sollte. Wegen dieser Verweigerung wurde er von der Firma entlassen. In Briefen, die er an seine Eltern richtete, erklärte er seine unbeugsame Haltung und warum er sich niemals in politische Dinge einmischen würde. Das Schreiben dieser Briefe wurde ihm übrigens später im Prozess zum Vorwurf gemacht" (ebenda, S. 30).

---

12 Bestand Kreisarchiv Warendorf, Kreis Beckum, Sozialamt.

Ein Mithäftling, der mit ihm 1940/41 im Bochumer Gefängnis saß, erinnert sich: „Als Bruder Baltruschat aus dem Gefängnis in Bochum entlassen wurde, erfuhren wir ..., was geschehen war: Vom obersten Stock aus konnte man das Tor beobachten. Ordnungsgemäß wurde er entlassen. Am Tor aber wartete bereits die Gestapo auf ihn, um ihn in Empfang zu nehmen. Da er sich nicht von seinem Glauben an Jehova lossagte, kam er ins Konzentrationslager. Zwei Jahre später erhielt seine Frau die Nachricht, dass er an Herzschwäche gestorben sei" (ebenda, S. 34).

Eduard Baltruschats Tochter **Edith Hähnel** forderte nach dem Krieg als Verfolgtenentschädigung eine Waisenrente für sich und ihre vier Geschwister Irmgard Wienholt, Ruth Winter, Gerhard Baltruschat und Gertrud Fritsch.

Sattelstraße 27

HIER WOHNTE
FRANZ KRAKAT
ZEUGE JEHOVAS
JG. 1907
VERHAFTET 2.2.1939
SACHSENHAUSEN
ERMORDET 14.6.1939

Franz Krakat wurde „gleich nach Beginn des 2. Weltkrieges wegen Kriegsdienstverweigerung ins Konzentrationslager geschickt. Hier kam Bruder Krakat sofort ums Leben" (ebenda, S. 35), angeblich warf er sich selbst vor einen Lastzug. In den Lagerakten wird mit Datum vom 4.6.1939 vermerkt: „Der Schutzhäftling ist nach wie vor hartnäckiger Bibelforscher und weigert sich, von der Irrlehre der Bibelforscher abzulassen. Aus diesem Grund ist ihm lediglich die Erleichterung, den sonst zulässigen Briefwechsel zu pflegen, genommen worden."

Franz Krakat war vermutlich der Bruder von **Luise Baltruschat, geb. Krakat**, der Ehefrau Eduard Baltruschats (s.o.).

Schachtstraße 10

HIER WOHNTE
STANISLAUS SCHWARZ
ZEUGE JEHOVAS
JG. 1904
VERHAFTET 13.12.1936
STEINWACHE DORTMUND
ERMORDET 3.3.1937

„Die Praktiken der Dortmunder Gestapo führten auch bald schon zu Todesopfern unter den Zeugen Jehovas. ... Stanislaus Schwarz aus Ahlen in Westfalen wurde wenige Tage nach seiner Festnahme ... dabei ertappt, wie er im Hausgefängnis einem Glaubensgenossen einen Kassiber des Inhalts zusteckte, dass man sich gegenseitig nicht kennen wolle. Einige Tage später erhielten die Angehörigen die Nachricht übermittelt, Schwarz habe sich in der Zelle erhängt“ (Garbe, S. 241).

In einer nicht im Original vorliegenden Zeitzeugenaussage heißt es: „Stanis hatte immer ein Lächeln im Gesicht, das nie verlöschte. Dieses Lächeln hat die SA so zum Rasen gebracht, dass sie ihn zu einer formlosen Masse zusammenschlugen. Sein Bruder (Josef) musste ihn sich ansehen und erkannte ihn nicht. Eine Woche später brachte man ihn mit einer Zwangsjacke um. ... Die Beerdigung in seinem Heimatort war eine Farce. Da dieser Bruder sehr beliebt war, befürchtete die SA einen Volksauflauf und bezog mit der gesamten Kriminalpolizei am Grab Stellung. Niemand durfte ein Wort sprechen, es durfte keine Grabrede gehalten werden. Nach 15 Minuten ging jeder schweigend fort.“

Am Stockpiper 94

HIER WOHNTE
JOSEF SCHWARZ
ZEUGE JEHOVAS
JG. 1894
VERHAFTET
BUCHENWALD
DACHAU
ERMORDET 30.4.1945

Josef Schwarz war mehrfach in Haft und hat noch Ende 1944 die Einberufung zum Volkssturm aus Gewissensgründen abgelehnt. Er wurde letztmalig am 12.1.1945 vermutlich in München verhaftet und kam gemeinsam mit einem weiteren Glaubensbruder umgehend ins Konzentrationslager Dachau, beide wurden dort umgebracht. Josef hinterließ seine Frau **Valeria**, *5.4.1899 in Polwentz bei Posen.

Auf dem Knüppelsberg 10

HIER WOHNTE
RICHARD KOWALSKI
ZEUGE JEHOVAS
JG. 1902
EMSLANDLAGER
ZWANGSARBEIT
ÜBERLEBT

Richard Kowalski, *12.4.1902, war in verschiedenen Strafanstalten sowie in einem der Emslandlager. Er wurde zur Zwangsarbeit in Zweibrücken herangezogen und verlor im Januar 1945 bei einem Fliegerangriff seinen linken Unterarm. Zu den Emslandlagern siehe Kap. 4.2.1.3.

Glückaufplatz 5 (ehem. Horst-Wessel-Platz)

HIER WOHNTE
EUGEN KROLL
ZEUGE JEHOVAS
JG. 1901
VERHAFTET 14.6.1938
EMSLANDLAGER
ZWANGSARBEIT
ÜBERLEBT

Eugen Kroll, *1.7.1901, war zeitweise „Versammlungsvorsitzender" der Ahlener Gemeinde. Er war wegen Kriegsdienstverweigerung im KZ.

Am Stockpiper 166

HIER WOHNTE
LINA KLEINE
ZEUGIN JEHOVAS
JG. 1893
VERHAFTET 1935
ÜBERLEBT

Lina Kleine, *19.12.1893, stellte in der schweren Zeit gelegentlich ihre Wohnung für Versammlungen zur Verfügung (s. Die Verfolgung …, S. 50).

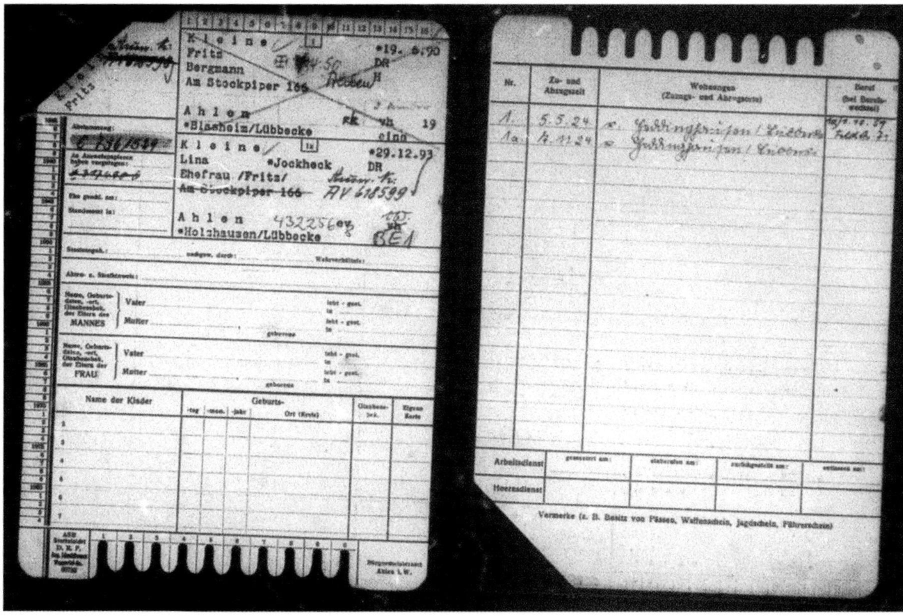

Abb. 74: Meldekarte des Ehepaars Kleine, aus dem Melderegister im Kreisarchiv Warendorf

Keplerstraße 66

HIER WOHNTE
GUSTAV KLEINEMEIER
ZEUGE JEHOVAS
JG. 1877
VERHAFTET 1939
GEFÄNGNIS AHLEN
ENTLASSEN

Der Bergmann Gustav Kleinemeier, *11.8.1877 in Ennigloh (Kreis Herford), war verheiratet mit **Luise Kleinemeier,** geb. **Bartling,** *30.3.1877, das Paar hatte vier Kinder. Er wurde 1939 wegen seiner religiösen Betätigung zu einem Jahr, drei Monaten Haft verurteilt, die er im Ahlener Polizeigefängnis verbüßte, weitere Verhaftungen folgten. Als Entschädigungsgrund machte er nach dem Krieg zudem den Rentenentzug während und nach der Haftzeit geltend.

Ahlener Bibelforscher/-innen ohne Stolperstein:

August Settele

Paula Wyrwich

Bernhard Simmnick

Nikolaus Läsch (*17.2.1890 in Bitburg, gest. 16.10.1963 in Ostwennemar). Er war 1938 in Ahlen inhaftiert, bevor er in die KZ Sachsenhausen, Dachau und Neuengamme kam.

Auch wenn für die Zeugen Jehovas nach dem Krieg unverzüglich der Wiederaufbau der eigenen Organisationsstrukturen begann, war für einige der Leidensweg noch nicht zu Ende. Die Regierung der DDR hat – statt das antifaschistische Vermächtnis einzulösen – die Zeugen Jehovas im August 1950 erneut verboten (s. Garbe, S. 543).

In den Gefängnissen und Konzentrationslagern erwarben sich die Zeugen Jehovas gemeinhin größte Anerkennung durch ihre Standhaftigkeit und Glaubenszuversicht. Es sind zahlreiche Fälle bekannt, wo Bibelforscher/-innen dem Tod durch die Verleugnung ihres Glaubens hätten entgehen können und dies ablehnten. Ihr passiver wie aktiver Widerstand galt allerdings ausschließlich dem Erhalt der eigenen Glaubensfreiheit, sie kämpften „eben nicht für die Freiheit (aller) in einem umfassenderen und politischen Sinne. Widerstand gegen die Diktatur aus demokratischer Gesinnung leisteten sie nicht. Insofern kann ihre couragierte Haltung im ‚Dritten Reich' zwar Respekt und Würdigung für sich beanspruchen, als Leitbild in einer demokratisch verfassten Gesellschaft eignet sie sich jedoch nicht" (Garbe, S. 554).

Gingen die Nazis vielleicht nur deswegen so brutal mit den Bibelforscher/-innen um, weil sie auf dem Markt der Totalitarismen mit ihnen konkurrierten? Doch wie immer man zu den Zeugen Jehovas und ihrem missionarischen Eifer steht – für jedes demokratische Gemeinwesen sollte der Gedanke Voltaires gelten: Ich missbillige, was Sie sagen, aber ich würde alles dafür geben, dass Sie Ihre Meinung frei aussprechen dürfen!

Die Ahlener Versammlung der Zeugen Jehovas war über die Verlegung der Stolpersteine für ihre vier Glaubensbrüder am 5.3.2010 sehr betroffen und dankbar.

6. Die Opfergruppe der Menschen mit Romno-Hintergrund

Die Geschichte der Roma und Sinti in Europa war von jeher geprägt durch Ausgrenzung und Diskriminierung. Im Nationalsozialismus hatten sie gemäß der Rassenlehre keinen Platz in der „Volksgemeinschaft". Am 5. Juli 1936 gab Reichsinnenminister Frick einen Runderlass zur „Zigeunerplage" heraus mit dem Ziel, Berlin zu den Olympischen Spielen zu „säubern". Die Roma und Sinti wurden im weiteren „wie Juden behandelt" (Anweisung von General Böhme zur Behandlung von „Zigeunern" im besetzten Serbien). Der Porajmos (Romanes-Wort für den Völkermord an den europäischen Roma) begann Ende Februar 1943, in Auschwitz wurde ein eigenes „Zigeunerlager" eingerichtet. Die Gesamtzahl der Ermordeten liegt neueren Forschungen zufolge bei 600.000 bis eine Million, 90% der Romno-Bevölkerung in Deutschland. 1948 verabschiedete die Vollversammlung der Vereinten Nationen eine „Konvention über die Verhütung und Bestrafung des Völkermordes", doch erst 1982 erkannte die Bundesregierung die Verbrechen an der Roma-Minderheit als Völkermord an.

In der Forschungs- und Dokumentationsstelle der Gedenkstätte Bergen-Belsen konnten drei „Landfahrer" mit Geburtsort Ahlen ermittelt werden. Da keine weiteren Aufenthaltsdaten zu finden waren, liegt die Vermutung nahe, dass Ahlen eher zufällig Ort der Niederkunft war, was möglicherweise auf die „nomadisierende Lebensweise" der Familien zurückzuführen ist.

Karl Dießenberg, *1.7.1932, ermordet 14.4.1943 in Auschwitz

Glutia Zenz, *30.10.1936, ermordet vermutlich in Auschwitz

Wilhelm Franz, ermordet vermutlich in Auschwitz

Ferner liegt eine Entschädigungsakte vor für **Bernhard Franz**, *29.7.1932 in Ahlen. Er wurde 1941 aus Herne deportiert, das Todesdatum lautet auf den 31.12.1945, möglicherweise eine behördliche Festsetzung.

Die Stiftung niedersächsische Gedenkstätten startete am 1. Juni 2015 das im Bundesprogramm Demokratie leben! geförderte Modellprojekt „Kompetent gegen Antiziganismus/Antiromaismus (KogA) – in Geschichte und Gegenwart". Das Projekt hat zum Ziel, Multiplikator/-innen und Vertreter/-innen verschiedener Berufsgruppen für historische und gegenwärtige Formen von Antiziganismus/Antiromaismus zu sensibilisieren und Handlungskompetenzen gegen die Diskriminierung von Sinti/-zze und Rom/-nja zu vermitteln.

KogA tritt unmissverständlich dafür ein, das Wort „Zigeuner" als Volksgruppenbezeichnung nicht mehr zu verwenden und begründet das wie folgt: Der Begriff sei als abwertende Fremdbezeichnung seit dem 15. Jahrhundert im deutschen Sprachraum üblich, er stehe neben gleichwertigen Bezeichnungen wie „Tartern", Tartaren", Sarazenen" und „Heiden". Etymologisch sei der Begriff – wahrscheinlich – abgeleitet von einer häretischen Sekte in Griechenland, gemeinsam ist allen Erklärungsmustern, die „Zigeuner" seien „schlechte Christen", „Christenfeinde" und deswegen „Unberührbare" (=dürfen Christen nicht berühren). Wem diese Erklärung zu akademisch erscheint, sei darauf verwiesen, dass Sinti/-zze und Rom/-nja in den Konzentrationslagern ein „Z" eintätowiert bekamen …

KogA bezieht in seine Arbeit die Jenischen ein, eine Volksgruppe, deren ethnische Verwandtschaft zu den Roma und Sinti wahrscheinlich, aber nicht unumstritten ist. So schreibt der Autor Andrew Rocco Merlino D'Arcangelis in seiner 2004 vorgelegten Dissertation: Die Jenischen „sind eine Gruppe von Nichtsesshaften Deutschlands, die öfter mit den Roma und Sinti Deutschlands verwechselt und vermengt wurden, sogar bis in den heutigen Tag hinein. Ihr Soziolekt ‚Rotwelsch' bzw. ‚Jenisch', der ihnen eigentümlich ist, ist ein Hauptmerkmal, das diese Menschen als eine eigene, distinkte Gruppe im Gegensatz zu den Roma und Sinti Deutschlands kenntlich macht" (D'Arcangelis, S. 7).

Gleichwohl wurden die Jenischen in der Nazizeit in gleichem Maße verfolgt, allerdings oftmals als „Asoziale und Kriminelle". Die Jenischen haben 2019 einen eigenen Zentralrat gegründet und fordern von der Bundesregierung die Anerkennung als weitere eigenständige deutsche Minderheit. Es ist wohl zu vermuten, dass die „Landfahrer" und „Zigeuner", die über Jahrhunderte das Bild der deutschen Landschaften mitbestimmten, oftmals Jenische waren. Die präzise Volksgruppenzugehörigkeit der vier in Ahlen geborenen Personen ist demnach nicht gesichert.

Der Zentralrat deutscher Sinti und Roma geht heute von 50.000 Sinti und 20.000 deutschen Roma aus, die in Deutschland leben. Hinzu kommen 120.000 bis 140.000 aus Osteuropa zugewanderte Roma (s. Baur, taz vom 15.9.2020).

7. Ohne Nachweis in Ahlen: Opfergruppen der Homosexuellen, „Ballastexistenzen“, Deserteure

Über drei Opfergruppen, die im Nationalsozialismus verfolgt wurden, gibt es gegenwärtig nur einen unsicheren Nachweis in Ahlen.

Homosexuelle

Homosexualität war im NS-Staat vor allem eine männliche Domäne und wurde allgemein als staatsbedrohend angesehen. Gleichzeitig war es eher ein großstädtisches Phänomen und im kleinstädtischen, katholischen Milieu der westfälischen Provinz stark tabuisiert.

„Ballastexistenzen“: Asoziale, Berufsverbrecher

... wurden als soziale Randgruppen angesehen. Ihnen wurde ein kriminelles Gen unterstellt, mit dem sie nach der Rassenlehre der Volkshygiene schadeten. Hier reichte es oftmals schon, einige Male zu spät zur Arbeit zu kommen oder ohne Genehmigung seinen Arbeitsplatz gewechselt zu haben. Als geeignete Maßnahme gegen derartige „Gemeinschaftsfremde“ galt die „Vernichtung durch Arbeit“.

Auch diese Gruppe wurde lange nicht anerkannt, in den Familien lag der Mantel des Schweigens über dem Schicksal der Opfer. Erst nach den Härterichtlinien des Allgemeinen Kriegsfolgegesetzes von 1988 wurde diesem Personenkreis eine Einmalzahlung von 5.000 DM zugestanden, seither hätten 46 als Berufsverbrecher und 288 als Asoziale Verfolgte diese Leistung beantragt, die ersten Stolpersteine für diese Opfergruppe wurden 2016 in Berlin verlegt (s. Čulina 2021).

Lediglich der Ahlener **Heinrich Lange** (*25.3.1910) war wegen asozialen Verhaltens ebenso wie für illegale Betätigung als Opfer des Nationalsozialismus anerkannt. Es saß ab 1937 in den Gefängnissen Ahlen und Recklinghausen, dann in den KZ Sachsenhausen und Auschwitz. Er starb bei einem Einsatz des „Bewährungsbataillons Dirlewanger“ am 11.8.1944 in Polen.

Möglicherweise handelt es sich bei Lange um einen in Ahlen bekannten Kommunisten (s. Kap. 4.2.4).

Deserteure und Fahnenflüchtige

Die NS-Justiz fällte 30.000 Todesurteile gegen Deserteure und Fahnenflüchtige und vollstreckte 23.000, davon zahlreiche noch in den letzten Kriegswochen. Diese Opfergruppe wurde im Nachkriegsdeutschland zunächst kaum zur Kenntnis genommen, erst mit dem Rücktritt des baden-württembergischen Ministerpräsidenten Hans Filbinger 1978 fand ein Umdenken statt. Es dauerte aber bis Mai 1997, bis das Unrecht anerkannt und Entschädigungen geleistet wurden.

8. Zwangsarbeit und Kriegsgefangenschaft in Ahlen

Nach einer Kampagne zur Anwerbung von Arbeiter/-innen vor allem für die deutsche Industrie, die mit Ausnahme einiger Gebiete in der Ostukraine weitgehend erfolglos war, sah sich das NS-Regime schließlich gezwungen, von dem Prinzip der Freiwilligkeit abzurücken. Kurz nach dem Überfall auf die Sowjetunion im Juni 1941 begann die Zwangsrekrutierung von Arbeitskräften in der dortigen Bevölkerung. „Für das Gebiet des heutigen Kreises Warendorf sind laut der Warendorfer Zwangsarbeiter-Datenbank namentlich etwa 12.000 Zwangsarbeiter bekannt. Von diesen stammten 38,1 % aus Polen, 35 % aus der UdSSR, …" (Flemnitz 2016, S. 403).

Die Zahl der nach Ahlen verschleppten „Zivilarbeiter" ist schwer zu ermitteln und vermischt sich im weiteren mit den Kriegsgefangenen, die zur Zwangsarbeit herangezogen wurden. Diese Menschen kamen mitnichten nur aus dem Osten, sondern auch aus den besetzten Gebieten West- und Südeuropas. Bekannt wurde in Ahlen das Schicksal des Zwangsarbeiters Wilhelm Cornelis Bonouvrié aus dem niederländischen Culemborg, der seine Erinnerungen an Ahlen aufschrieb. Die Niederländer/-innen waren mit über 10 % die drittgrößte Gruppe der Zwangsarbeiter/-innen im Kreis Warendorf. In ihrer Dissertation fasst die Historikerin Gaby Flemnitz die Situation in Ahlen – sie unterscheidet dabei Amt und Stadt Ahlen – wie folgt zusammen:

„Insgesamt existierten im Amt Ahlen (Gemeinden Altahlen, Dolberg und Neuahlen) mindestens fünf Zwangsarbeiterlager für ca. 180 Zwangsarbeiter. In der Gemeinde Altahlen bestand ein Kriegsgefangenenlager zunächst ausschließlich für Franzosen, dann auch für 22 Serben (1941) und 22 Russen mit der amtlichen Bezeichnung R 24 beim Bauern Bernhard Schulze Middendorf Altahlen, Borbein 8. Das mit Stacheldraht umzäunte Lager befand sich in einem Kornspeicher, der an das Bauernhaus des Bauern angebaut war. In der Gemeinde Dolberg sind drei bis vier weitere Lager nachzuweisen: Im Lager beim Landwirt Tenkhoff lassen sich 20 polnische Arbeiter für November 1939 nachweisen. Das sogenannte „Arbeitskommando Lager Dolberg" war durchschnittlich mit 25 sowjetischen Kriegsgefangenen belegt. Der genaue Ort des Lagers ist unbekannt. In dem früheren Möbellager und der Schreinerei Wilhelm Röttger, Ostdolberg 24, wurden zwei Lager, ein Kriegsgefangenen- (Arb. Kdo. Nr. R. 7) und ein „Zivilarbeiterlager" (Arb. Kdo. Nr. S. 39) in zwei Steingebäuden eines Bauernhausanbaus eingerichtet. Ein weiteres Lager wurde auf dem Grundstück des Bauern Stork-Stratmann, Gemmerich 16, für Serben eingerichtet. … Insgesamt hat es in Ahlen etwa 50 Lager, darunter etwa zehn Zechenlager, für mehr als 7.100 Zwangsarbeiter gegeben" (Flemnitz 2009, S. 41 und 136 f).

Nikolaj Kosobutsky stellte die Erinnerungen an seine Arbeit auf der Zeche „Westfalen" anlässlich eines Besuches in Ahlen 2002 Gaby Flemnitz zur Verfügung. Gleiches gilt für Efrosina Storozhuk, die 1942 als 16Jährige in der Firma Winkelmann & Pannhoff eingesetzt wurde.
Die folgenden 13 Inschriften sind Entwürfe und wurden noch nicht mit Gunter Demnig abgestimmt. Sie orientieren sich an aufgezeichneten Erinnerungen sowie den erhaltenen Arbeitskarten.

Zeche „Westfalen"

HIER ARBEITETE
NIKOLAJ KOSOBUTSKY
JG. 1925
ZWANGSARBEIT 1943 - 1945
ZECHE „WESTFALEN"

HIER ARBEITETE
JUSCHKA BONDARENKO
JG. 1927
ZWANGSARBEIT AB 1943
ZECHE „WESTFALEN"
TOT 7.2.44

HIER ARBEITETE
ROSTISLAW GUMENTSCHUK
JG. 1925
ZWANGSARBEIT
ZECHE „WESTFALEN"
VERHAFTET
„ERZIEHUNGSLAGER"

Firma Winkelmann & Pannhoff, Lütkeweg 55

HIER ARBEITETE
EFROSINA STOROZHUK
JG. 1926
ZWANGSARBEIT AB 1942
FA. WINKELMANN & PANNHOFF

Firma Otterstedde, Alte Ladestraße 46

HIER ARBEITETE
TSCHEREDNIKOWA HENIJA KALINOWNA
JG. 1923
ZWANGSARBEIT 1942 - 1945
STANZ- UND EMAILLIERWERK OTTERSTEDDE

Fa. Schomaker Lütkeweg 15

HIER ARBEITETE
KATHARINA DUSCHKO
JG. 1924
ZWANGSARBEIT AB 1942
FA. SCHOMAKER
TOT 24.2.1944

HIER ARBEITETE
NIKOLAI IWASCHTSCHENKO
JG. 1891
ZWANGSARBEIT AB 1943
FA. SCHOMAKER
TOT 11.3.1944

Ehe der Mantel des Vergessens über die Ahlener Firma Schomaker, eine Hauptprofiteurin von Zwangsarbeit, ausgebreitet wird, erinnert Wolfgang Muth an die Anfänge der Ahlener Textilindustrie:

„Im Jahre 1886 gründeten die beiden Ahlener Anton Schomaker und Samuel Auerbach eine eigene Firma. … Im Jahre 1893 beschäftigten sie ungefähr 60 hausindustrielle Weber, jedoch vor allem im Warendorfer Raum, da die Löhne dort niedriger lagen als in Ahlen, wo das Lohnniveau aufgrund der industriellen Arbeitskräftenachfrage in der aufstrebenden Emailleindustrie wesentlich höher war. Nach dem altersbedingten Ausscheiden Schomakers führte Auerbach die Firma alleine weiter unter dem Namen Schomaker & Co. Er errichtete ein neues Fabrikgebäude auf dem Lütkeweg. … Im Jahre 1899 beschäftigte sie 15 Arbeiter an ihren motorgetriebenen Webstühlen. Ende Juli 1914, am Vorabend des Ersten Weltkrieges, waren 82 Arbeitskräfte in der Firma angestellt. … Die Plüschweberei kam völlig zum Erliegen, da die Rohstoffzufuhr, die bis dahin hauptsächlich aus England kam, nicht mehr funktionierte. Im März 1916 stellte das Werk sich deshalb auf Metallverarbeitung um. Zunächst wur-

den Waffenteile und Rohwaren für wichtige Heereslieferungen der Emailleindustrie hergestellt. Bis zum Ende der 60er Jahre blieb Schomaker & Co. dann eine der bedeutendsten Blechwarenfabriken in Ahlen" (Muth 1989, S. 59).

Der niederländische Zwangsarbeiter Wilhelm Cornelis Bonouvrié erinnerte sich, „dass die bei Schomaker beschäftigten Niederländer bei Bombenangriffen in den Keller unter der Fabrik durften, die ‚Ostarbeiter' hingegen nicht" (Flemnitz 2009, S. 227). Andere Ahlener Firmen trafen diese Unterscheidung nicht.

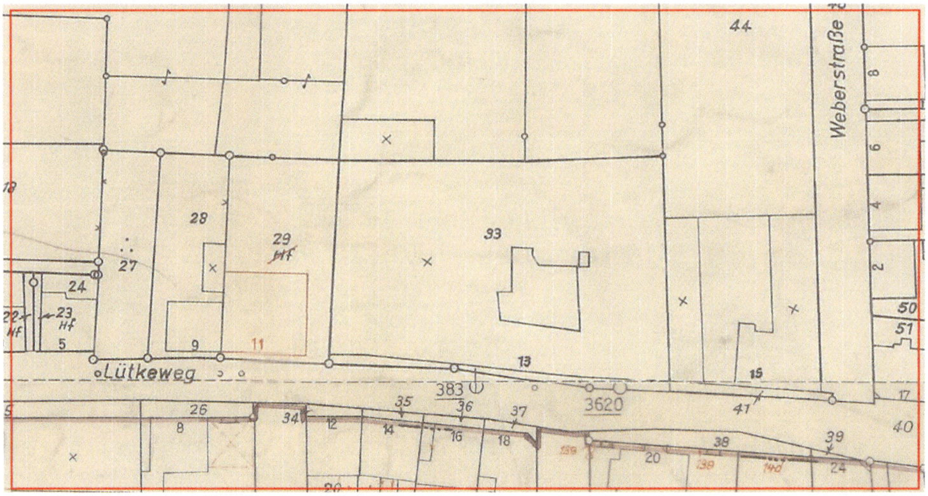

Abb. 75: Lage der Firma Schomaker am Lütkeweg/Weberstraße

ZA-Lager Theresienhof, Warendorfer Straße 167

HIER WOHNTE
OLGA DUSCHKO
JG. 1922
ZWANGSARBEIT AB 1942
FA. SCHOMAKER UND NAHRATH

Katharina, *7.12.24 (s.o.), **Tatjana,** *24.7.1924, verh. **Rjabtschun** sowie Olga Duschko, *7.6.1922, stammen aus dem ukrainischen Pogreby und wurden zur Zwangsarbeit nach Ahlen verschleppt. Tatjana und Olga waren wohl Schwestern, die verwandtschaftliche Beziehung zu Katharina ist unklar. Tatjana arbeitete in einer „Ahlener Fabrik" und wurde bei einer Sabotageaktion erwischt und verprügelt. Katharina wohnte im Lager „Körvers" an der Weststraße.

ZA-Lager Theresienhof, Warendorfer Straße 167

HIER WOHNTE
FEOKDISTA BITSCHKOWA
JG. 1900
ZWANGSARBEIT AB 1942
FA. SCHOMAKER
TOT 8.3.1944

HIER WOHNTE
IWAN MIGULA
JG. 1918
ZWANGSARBEIT AB 1942
FA. QUAST
TOT 23.3.1944

Fa. Buschhoff, Hammer Straße 2

HIER ARBEITETE
LIDIJA BOSOWA
JG. 1923
ZWANGSARBEIT AB 1942
FA. BUSCHHOFF
TOT 2.12.1944

Fa. Schwarte, Theodor-Schwarte-Straße 59

HIER ARBEITETE
SOFIA KRISCHEWSKA
JG. 1923
ZWANGSARBEIT
FA. SCHWARTE
TOT 19.1.1945

Sofia Krischewska, *22.8.1923 in der Nähe von Kiew, arbeitete bei der Ahlener Firma Schwarte und wohnte in einem „Gemeinschaftslager". Sie wurde aus unbekannten Gründen am 19.12.1944 ins Krankenhaus eingeliefert.

Fa. Kaldewei, Beckumer Straße 33

HIER ARBEITETE
SERAFIMA JAZENKO
JG. 1924
ZWANGSARBEIT AB 1942
FA. KALDEWEI
TOT 1.3.1944

Abb. 76: Detail der Grab- und Gedenkstätte am Ostfriedhof

Auf dem Ahlener Ostfriedhof befindet sich eine Grab- und Gedenkstätte für 127 Kriegsgefangene und Zwangsarbeiter/-innen, die in Ahlen zu Tode kamen, Männer, Frauen, Kinder, aus der Ukraine, der Sowjetunion, Polen, Kroatien. Ursprünglich waren es weitaus mehr, allerdings wurden die belgischen, französischen, englischen, italienischen und niederländischen Kriegsgefangenen inzwischen in ihren Heimatländern beigesetzt. Viele starben durch den Bombenangriff auf die Zeche am 23. März 1944, andere wurden auf der Flucht ermordet.

Die Patenschaft für die Gedenkstätte wurde 2007 vom Volksbund Deutsche Kriegsgräberfürsorge der Fritz-Winter-Gesamtschule übertragen, die sie seither mit großem Engagement pflegt und die Erinnerung durch jährliche Veranstaltungen zum 8. Mai wachhält.

Auf dem Friedhof in Dolberg sind zwei Männer mit osteuropäischen Namen bestattet. Im Kreisarchiv ermittelte Theo Kerkmann aus den Sterbeurkunden folgende Daten:

Kasimierz Strzelecki, *17.2.1887 im polnischen Ruda, Kreis Turek (westlich von Łódź); er wurde als landwirtschaftlicher Arbeiter katholischen Glaubens

geführt und am 13.8.1940 tot in seiner Wohnung in Ostdolberg aufgefunden. Ob es sich bei Strzelecki um einen Zwangsarbeiter handelte, muss angesichts seines Alters mit einem Fragezeichen versehen werden.
Anton Kostczkaj, *11.6.1910 im russischen Moliliwska (ein Ort dieses Namens ist nicht zu ermitteln), war im Kriegsgefangenenlager Schmehausen (heute östlichster Ortsteil von Hamm) untergebracht. Kostczkaj wurde am 18.8.1942 in der Nähe von Schloss Werries an der Lippe tot aufgefunden. Theo Kerkmann vermutet, dass der Fundort der Leiche zur Beisetzung in Dolberg führte.

Der Bundestag richtete im Jahre 2000 die Stiftung „Erinnerung, Verantwortung und Zukunft" ein, die Leistungen an ehemalige Zwangsarbeiter/-innen in Höhe von insgesamt 5,2 Mrd. EUR bereitstellte. Diese Leistungen waren weniger als Entschädigung zu verstehen, sondern als Geste, mit der sich die Bundesregierung ihrer moralischen Verantwortung stellte.

Aus dem Stiftungskapital standen zudem jährlich 7 Mio. EUR für internationale Projekte zur Verfügung, die die Lebenswege von Opfern des Nationalsozialismus würdigen sollten. Daraus ergaben sich in den Folgejahren im gesamten Bundesgebiet eine Reihe von berührenden Begegnungen mit ehemaligen Zwangsarbeiter/-innen, die in die Orte eingeladen wurden, in denen ihnen größtes Unrecht widerfahren war (Bundesförderprogramm „Begegnung mit Zeitzeugen - Lebenswege ehemaliger Zwangsarbeiter"). Auch die Stadt Ahlen sprach eine Einladung aus, der im April 2002 Kosobutsky und Storozhuk (s.o.), beide heute ukrainische Staatsbürger-/innen, Folge leisteten.

Zur Zwangsarbeit kamen 1942 auch **Katharina Chruszez** (Jg. 1921) und **Marian Lesnianski** (Jg. 1923) aus Polen nach Deutschland. Katharina wurde von deutschen Truppen aus dem damals polnischen Lemberg verschleppt und kam zunächst bei einem Landwirt in Hamm/Berge unter, anschließend arbeitete sie dort in einem Milchgeschäft. Sie selbst beschrieb die Arbeit durch den Umgang mit gefüllten Milchkannen als äußerst strapaziös. Beide lebten nach dem Krieg in verschiedenen deutschen Städten, sie heirateten 1957 und wurden deutsche Staatsbürger, seit 1960 mit Wohnsitz in Ahlen. Mit Hilfe der Stadt Ahlen erhielten auch sie Leistungen aus dem Stiftungsetat, wobei sich die Beschaffung von Unterlagen gerade für in der Landwirtschaft Beschäftigte als sehr kompliziert erwies. Von Katharina fanden sich Nachweise beim Kreis Unna.

Schließlich liegen dem Landesarchiv weitere Namen polnischer Staatsbürger vor, die in Ahlen lebten. Als durch den NS-Staat Geschädigte ist Zwangsarbeit der wahrscheinlichste Opfergrund.

Szama Pereluk, *10.10.1915 in Lublin, zog nach dem Krieg nach Münster und starb dort am 16.4.1965; s.a. Kap. 2.4.3.1;

Wladislaus, *18.6.1885 in Prusietz, und **Katharina Pilarski**, *19.11.1886 in Miedzianow, beide Bezirk Posen;
Julian Lubojanski, *11.4.1882 in Kępno/Kempen; s. Kap. 4.2.4;
Johann Pniewski, *4.2.1904 in Brodnica/Strasburg; s. Kap. 4.2.4.

Abschließend sei verweisen auf eine Untersuchung von Reinhard Künnemann über die besondere Rolle italienischer Militärinternierter, von denen 1944 allein 197 auf der Zeche Zwangsarbeit leisten mussten (s. Künnemann 2008, S. 64–70).

9. Ausblick: Zukunft der Erinnerungskultur in Ahlen

Obwohl in der Vergangenheit mehrmals ein Ende der Ahlener Stolpersteinverlegungen erwartet wurde, eröffneten sich immer wieder neue Quellen. Auch haben Hinweise aus der Bevölkerung in den letzten Jahren erstaunlicherweise eher zu- als abgenommen. Allein durch die Arbeit an diesem Buch wurden 78 weitere Opferpersonen „entdeckt", deren Existenz zum einen das Bild der Ahlener Synagogengemeinde vervollständigt, die zum anderen aber auch an einen historisch fairen Umgang mit den deutschen Kommunisten/-innen mahnt. Daraus lassen sich bestehende Arbeitsfelder fortsetzen und neue beginnen, im Einzelnen:

- Neben den bis **2022** eingelassenen **185** Stolpersteinen in Ahlen liegen inzwischen weitere **48** vorformulierte Inschriften vor. Von diesen sollen im **März 2023** – so die Absprache mit Gunter Demnigs Büro – **14** weitere verlegt werden. Die verbleibenden **34** sowie die sich möglicherweise noch neu ergebenden Steine sind Gegenstand der nächsten Verlegetermine.
- Das Gedenkbuch des Bundesarchivs hat einen großen Anteil an der Erforschung jüdischer Leidenswege. Von den 160 von Gummersbach festgestellten Mitgliedern der Ahlener Synagogengemeinde zu Beginn der Nazizeit wird inzwischen der größte Teil ermittelt sein: 151 sind Stolpersteine gewidmet, etwa 50 sind darüber hinaus namentlich bekannt. Die Differenz ist dadurch zu erklären, dass viele Ahlener Jüd/-innen in der Weimarer Republik aus den verschiedensten Gründen die Stadt verlassen, siehe das Beispiel der großen Familie Windmüller (s. Kap 2.12.1), aber gleichwohl in diesem Buch Aufnahme gefunden haben. Einige dieser Personen wurden „doppelt verlegt", da sie auch an anderen Wohnorten Steine erhielten. Ungenauigkeiten waren wegen der vielen unvollständigen Lebensdaten oft nicht zu vermeiden.
  Das Gedenkbuch wird fortlaufend in Zusammenarbeit u.a. mit der Holocaust-Gedenkstätte Yad Vashem aktualisiert. Hier müssen die bereits erforschten Ahlener jüdischen Schicksale weiterhin auf Stimmigkeit überprüft und nachgewiesene Fehler nach Yad Vashem gemeldet werden.
- Ein herausforderndes Forschungsprojekt ist die Familiengeschichte der zahlreichen Ahlener Spiegels, allein 33 Stolpersteine tragen diesen Namen, einigen weiteren Personen konnte wegen fehlender Daten noch kein Stein gewidmet werden. Nach aktuellen Erkenntnissen gab es mehrere Spiegel-Familien, die entweder nicht miteinander verwandt waren oder deren Verbindungen so weit zurückliegen, dass sie heute nicht mehr nachvollzogen werden können, sowie einigen nicht zuzuordnenden Einzelpersonen. Ein Anfang ist im Kap. 2.13 gemacht. Ähnliches gilt für die Familien Rosenberg, Rollmann, Windmüller, Hahn und Rybak, auch hier sind noch viele verwandtschaftliche Beziehungen unklar. Handlungsfelder für die Ahlener Familienforschung!

- Unterstützend könnte hier das neue WDR-Projekt wirken, das „an einer technisch innovativen App, durch die das Kunstprojekt von Gunter Demnig digital erweitert wird", arbeitet. Aufgebaut wird derzeit eine Datenbank aller 15.000 Stolpersteine in Nordrhein-Westfalen mit dem Ziel, „eine Ortsgrenzen überschreitende, moderne Form des Erinnerns zu schaffen" (Zitate aus der WDR-Projektbeschreibung). Die digitale Vernetzung mit anderen deutschen Städten, bei der die Lebensschicksale der Opfer des Nationalsozialismus mit biographischen Daten und Texten hinterlegt werden, könnte dabei helfen, familiäre Zusammenhänge weiter aufzuklären, denn ob Angehörige von jüdischen Familien in anderen Städten Stolpersteine erhalten haben, ist viel zu oft nicht bekannt. Die App ist inzwischen verfügbar.
- Ermordete Kranke aus staatlichen Heilanstalten dürften im Wesentlichen ermittelt sein. Noch nicht gesichtet wurden die Archive von kirchlichen und privaten Einrichtungen, auch die Krankenmorde an Zwangsarbeiter/-innen ist ein noch weitgehend unbearbeitetes Thema.
- Die Verfolgungen der Zeugen Jehovas erscheinen bundesweit trotz des bestehenden Zweigbüros Zentraleuropa in Selters/Hessen erst wenig systematisch erschlossen.
- Der 127 Toten des Ahlener Ostfriedhofs wird durch den gestalteten Gedenkort sowie die jährlichen Veranstaltungen, koordiniert durch den schulischen „Arbeitskreis 8. Mai", in beeindruckender Weise gedacht. Deshalb hat man sich mit Ausnahme der 13 Personen, deren Schicksale durch eigene Aufzeichnungen sowie die erhaltenen Arbeitskarten erhellt werden konnten, gegen eine zusätzliche Würdigung durch Stolpersteine entschieden.
- Einer Reihe von Hinweisen auf Ahlener Einzelschicksale konnte noch nicht zur Zufriedenheit nachgegangen werden.

Darüber hinaus gibt es für eine Arbeitsstelle Erinnerungskultur in Ahlen von der Pflege der Stolpersteine bis zur Entwicklung neuer nachhaltiger Perspektiven viel zu tun:

- Nach dem Beispiel anderer Städte sollten in einer zentral koordinierten Aktion einmal im Jahr, z.B. zum 9. November, die Ahlener Stolpersteine gereinigt werden. Das kann in Form von Reinigungspatenschaften, Schul-, Prominentenaktionen usw. geschehen. Das Internationale Frauenfrühstück Ahlen hat sich bereits zur jährlichen Reinigung der Stolpersteine in der Klosterstraße verpflichtet.
- Das Stolperstein-Nachfolgeprojekt „Gedenkblätter" sollte wieder aufgegriffen und fortgeführt werden. Die ersten Ahlener Gedenkblätter entstanden bereits zu Beginn der 10er Jahre als Geschichten hinter den Stolpersteinen. Jugendliche beschäftigten sich in z.T. fiktiven biographischen Erinnerungen mit dem Leben und den Leidenswegen Ahlener NS-Opfer. Dieses bundesweite Nachfolgeprojekt der Stolpersteine entstand in Abstimmung mit der Holocaust-Gedenkstätte Yad Vashem.

Abb. 77: Frauen des Internationalen Frauenfrühstücks in Aktion

- Es gibt derzeit keine authentischen Orte jüdischen Lebens in Ahlen, Schule und Synagoge wurden nach dem Krieg nicht wiederaufgebaut. Das Denkmal in der Klosterstraße ist gut und wichtig, bietet aber nur einen mittelbaren Zugang zur jüdischen Stadtgeschichte. Die Unmittelbarkeit wurde in der Vergangenheit über die Besuche in der ehemaligen Synagoge in Drensteinfurt hergestellt. Als authentische Orte jüdischen Lebens in Ahlen bieten sich eine Reihe von Wohnhäusern an, in denen NS-Opfer gelebt haben (Weststraße 1 und 73, Klosterstraße 33 u.a.).
- Die Zahl der nach der Befreiung nach Ahlen zurückgekehrten Jüd/-innen ist höher als bisher erwartet und muss mit sieben bis zwölf beziffert werden. Warum reichte diese Zahl nicht als Grundstock für eine neue Ahlener Synagogengemeinde? Warum haben offenbar ausnahmslos alle die Stadt verlassen, um anderswo eine neue Existenz aufzubauen? Hat die Ahlener Stadtgesellschaft um diese Menschen geworben, wurde ihre erneute Eingliederung einschließlich ihrer Rückerstattungsansprüche unterstützt? Einige Stellungnahmen der ersten Nachkriegsverwaltungen zu Entschädigungsanträgen werfen Fragen auf, denen nachgegangen werden sollte.

- Entwicklung von künstlerischen Konzepten (Theater, Bildende Kunst, Musik, Film…): In einer Reihe deutscher Städte - Beispiele in Stuttgart, Würzburg - wurden in den letzten Jahren die Stolpersteine zum Gegenstand künstlerischer Auseinandersetzung.
- Rat, Bürgerschaft und Schulen übernehmen für die Ehrung der Ahlener Opfer im Rigaer Ghetto Verantwortung: regelmäßige Besuche der Holocaust-Gedenkstätte Riga-Bikernieki mit Blumendekoration des Ahlener Steinfeldes; aktive Werbung für die internationalen Jugend-Workcamps zur Pflege der Gedenkstätte in den Ahlener Schulen und Jugendeinrichtungen; weitere Mitarbeit im Deutschen Riga-Komitee (s. Kap. 2.4.3.2).
- Die Aufnahme internationaler Städtebeziehungen nach Osteuropa sollte als Versöhnungsakt begriffen werden. Das gilt vor allem für Staaten, die in direkter Beziehung zur Ahlener NS-Zeit stehen: Russland, Ukraine, Polen, baltische Staaten, Tschechien, Slowakei, Belarus.

Erinnerungskultur und -politik im Großen wie im Kleinen erweist sich als außerordentlich facettenreich. Im Großen fällt auf, dass die Auseinandersetzungen um Rassismus, Populismus, Antisemitismus, Antiislamismus, Antiziganismus immer präsent waren oder gar an Bedeutung zunehmen. Im Kleinen hinterlässt der Ahlener Bürgerentscheid um Straßenumbenennungen 2015 zwiespältige Gefühle, da die überwältigende Mehrheit scheinbar im Nationalsozialismus belastete Personen weiterhin durch Straßennamen ehren will. Dass bei dem Entscheid eher Sekundärmotive eine Rolle spielten, liegt auf der Hand, zeigt sich doch die deutsche - auch die Ahlener - Zivilgesellschaft im Allgemeinen als sehr aufmerksam, wenn es darum geht, Versäumnisse in der Erinnerungspolitik anzuprangern. Dass die heutige Generation Krieg, Holocaust und Porajmos nicht verschuldet hat, steht inzwischen nicht mehr ernsthaft in Frage. Über das deutsche Erbe, die besondere Verantwortung, „dass so etwas nie wieder passiert“, wird man sicher noch lange diskutieren.

Schlimm wäre es, täte man es nicht …!

Abb. 78: Kofferskulptur in Würzburg

Anhang

Reinigung und Pflege der Steine

Der Reinigung und Pflege der bisher verlegten Stolpersteine wurde in Ahlen bisher nicht die gebührende Aufmerksamkeit zuteil. Einige Schulen haben vereinzelt im Rahmen von Unterrichtseinheiten Reinigungen vorgenommen, einige wenige werden von ihren Paten gepflegt.

Die Messingabdeckungen der Steine oxydieren, nehmen eine graubraune Farbe an und fallen in ihrer Umgebung kaum noch auf. Dabei ist die Pflege nicht aufwendig, das Stolperstein-Büro gibt die nötigen Hinweise:

> **Salz** (Haushaltssalz), ca. 1 Esslöffel, auf den Stolperstein streuen, **Essigessenz** (ggf. leicht verdünnt) auf das Salz gebenMasse, verteilen (z.B. Spülbürste, alte Zahnbürste, oder Schwamm) Einwirken lassen, etwas nachreiben mit Bürste/Schwamm, **Wasser** zum Nachspülen, mit **Lappen (Babyöltücher)** nachpolieren. Oder Sie können auch eine Hochglanzpolitur für blanke Metalle verwenden.

In Leipzig wird die jährliche Gedenkfeier zum 9. November verbunden mit einer öffentlichen Reinigungsaktion der Stolpersteine.

Aber auch stillere Aktionen sind denkbar. So hat sich das Frauenbündnis „Internationales Frauenfrühstück" im März 2020 verpflichtet, eine Pflegepatenschaft für alle Stolpersteine in der Ahlener Klosterstraße zu übernehmen.

Erfahrungsgemäß nimmt die Reinigung eines Steins im Durchschnitt etwa zwei Minuten in Anspruch.

Abb.79: Von geheimnisvoller Hand werden die Steine in der Hansastraße regelmäßig gereinigt.

Die Singenden Stolpersteine

Die Singenden Stolpersteine

Sie liegen golden glänzend und leuchten auf uns ein.
Sie liegen so bescheiden und in Wahrheit ganz allein.
Sie liegen für die Opfer und für unsereins.
Singen wir den Namen auf dem Stolperstein.

Singt vom Opfer Leben und vom Opfer seinem Leid!
Singt für unser Leben und für unser aller Sein!
Singt, auf dass der Wahnsinn niemals wieder keimt!
Singen wir den Namen auf dem Stolperstein.

Ein Name steht geschrieben und erinnert an das Sein
Des Menschen, der getrieben ward in größte Not und Pein.
Sein Name ist geblieben – und für ihn allein,
Für ihn strahlt golden glänzend dieser Stolperstein.

Der Stein steht für das Leben und für Leid und Tod zugleich.
Das was dem Mensch gegeben, nahm man ihm fürs Deutsche Reich.
Um nie mehr zu erleben Grauen ohn' Vergleich,
Mahnt hier der Stein und glänzt dem Strahl der Sonne gleich.

Terry Swartzberg und Lala Pringsheim
(Abdruck mit freundlicher Genehmigung der Autor/innen)

Namensliste der auf dem Ostfriedhof gedachten Kriegsgefangenen und Zwangsarbeiter/-innen

	Name	Vorname	Geburtsdatum	Sterbedatum
1.	Achibalow	Alexi	Etwa 1890	19.7.1918
2.	Adamowicz	Tatjana	?	13.7.1945
3.	Babok *„Ostarbeiter"*	Mitrofan	2.7.1892	4.4.1945
4.	Bajkow *„Ostarbeiter"*	Iwan	3.2.1926	23.12.1944
5.	Balaganski *„Kriegsgefangener"*	Wladimir	10.6.1900	19.1.1943
6.	Batrakow/Bakakow *„Kriegsgefangener"*	Stefan	15.12.1913	16.11.1943
7.	Bazisow/Bozisow *„Kriegsgefangener"*	Wasily	25.12.1910	6.12.1942
8.	Bitschkowa	Feokdista	9.11.1900	8.3.1944
9.	Bludow *„Kriegsgefangener"*	Jakow	22.8.1904	13.12.1942
10.	Bondarenko *„Ostarbeiter"*	Iwan	4.4.1927	7.2.1944
11.	Borowiak	Michael	1.5.1909	10.5.1945
12.	Bosowa	Lidija	12.1.1923	2.12.1944
13.	Boyko/Bowjko *„ukr. Zivilarbeiter"*	Dimitro	15.9.1923	5.12.1943
14.	Busin *„Kriegsgefangener"*	Andrey	10.8.1909	13.5.1943
15.	Czaika *„poln. Arbeiter"*	Franzieszek	23.11.1905	6.4.1945
16.	Dimecho	Tamara	29.5.1944	24.5.1945
17.	Dimtschenko *„Kriegsgefangener"*	Grigory	15.1.1909	16.9.1942
18.	Djatschenko *„Kriegsgefangener"*	Gregory	23.1.1919	23.3.1944
19.	Djetkow *„Kriegsgefangener"*	Ewgenij	22.11.1919	26.3.1945
20.	Duschko	Katharina	7.12.1924	24.2.1944
21.	Dylak *„Pole"*	Wladislaus	21.8.1916	19.3.1944
22.	Fedotow *„Kriegsgefangener"*	Semjon	12.4.1906	29.9.1942
23.	Fitrow *„Kriegsgefangener"*	Igor	5.7.1910	6.11.1942
24.	Garoschow *„Kriegsgefangener"*	Iwan	19.9.1918	13.10.1942

25.	Goluschko *„Kriegsgefangener"*	Iwan	5.2.1919	23.3.1944
26.	Gorban	Lydia	12.12.1925	21.5.1945
27.	Gretschko	Nadja	?	6.6.1945
28.	Harasymozück/ Karacyinezuk *„Ostarbeiter"*	Stefan	6.1.1920	27.2.1945
29.	Hubcz *„kroatischer Arbeiter"*	Stefan	19.1.1900	15.101941
30.	Iwanow *„Kriegsgefangener"*	Alexander	12.9.1905	18.11.1942
31.	Iwatschenko	Nicolai	1.8.1891	11.3.1944
32.	Janschautscheniak, Dr. *„Kriegsgefangener"*	Viktor	11.4.1902	19.4.1945
33.	Jazenko	Serafima	1.3.1924	1.3.1944
34.	Kalinina	Stadja	?	8.5.1945
35.	Katzus	Rostik	?.11.1925	4.5.1945
36.	Kiblizky	Alexander	6.4.1925	20.5.1945
37.	Kiwatschowa	Natalia	?	16.6/31.7. 1945
38.	Klinowa	Frosja	21.5.1915	15.4.1945
39.	Kobjel/Kobely *„Kriegsgefangener"*	Jakow	24.4.1892	23.3.1944
40.	Kolody *„ukr. Zivilarbeiter"*	Michael	8.8.1921	29.10.1942
41.	Komitsch	Prokoje	13.12.1907	4.11.1942
42.	Korbecke *„poln. Arbeiterin"*	Maria	24.2.1922	19.6.1944
43.	Kornisenko *„Kriegsgefangener"*	Iwan	23.5.1905	22.1.1943
44.	Kozyra *„ukr. Zivilarbeiter"*	Petro	29.6.1921	20.2.1944
45.	Kranja *„ukr. Arbeiter"*	Anton	12.1.1898	31.1.1943
46.	Krischewska *„Ostarbeiterin"*	Sofia	2.8.1923	19.1.1945
47.	Kudnikow/Kateikowe *„russisches Kind"*	Viktor	27.1.19?	7.6.1945
48.	Kurel *„Pole"*	Andreas	?	6.6.1945
49.	Kusenzow *„Kriegsgefangener"*	Pawel	15.10.1910	30.8.1942
50.	Kussmin	Iwan	16.3.1916	25.4.1945

51.	Kwitka *„Kriegsgefangener"*	Timofei	?	29.7.1942
52.	Lassum	Stefan	4.6.1926	22.4.1945
53.	Lisorenko *„Ostarbeiter"*	Iwan	10.4.1924	13.3.1945
54.	Lowkjet/Zowkot	Ignatiev Ignat	3.3.1899	1.12.1942
55.	Lowzo *„Kriegsgefangener"*	Konstantin	14.10.1919	30.8.1942
56.	Malurow *„Kriegsgefangener"*	Michael	?	104.1943
57.	Mehut	Nicolei	?.?.1924	207.1945
58.	Migula „Ostarbeiter"	Iwan	1.7.1918	23.3.1944
59.	Mosgonow/Mosganow *„Kriegsgefangener"*	Alexander	2.2.1918	29.9.1942
60.	Myno	Michael	15.10.1925	18.1.1944
61.	Nikitina	Walentina	27.2.1926	1.7.1945
62.	Odiloki	Pietr	?	1.9.1943
63.	Palschek *„poln. Arbeiter"*	Thomas	6.1.1908	13.3.1945
64.	Passeka	Konstantin	?.?.1922	23.3.1944
65.	Peskiv/Peskiw *„ukr. Zivilarbeiter"*	Osyp/Osja	13.3.1915	7.9.1942
66.	Petruch	Potaf	30.10.1894	7.5.1918
67.	Phillinowa	Kalersja	?.?.1876	10.11.1944
68.	Plesowskisch/Pleftowski *„Kriegsgefangener"*	Alexander	12.4.1920	26.8.1942
69.	Ponomar	Iwan	13.11.1900	10.5.1945
70.	Ponomarenko *„Kriegsgefangener"*	Alexander/ Nikolei	2.2.1906	21.11.1942
71.	Ponomarjenko	Grigorij	15.1.1909	26.12.1942
72.	Porczyk *„poln. Arbeiter"*	Johann	15.6.1910	23.3.1944
73.	Posewin *„Kriegsgefangener"*	Dimitri	15.1.1906	18.8.1942
74.	Rak	Mikola	25.10.1914	22.4.1945
75.	Repiak	Gregor	9.9.1926	31.5.1945
76.	Rogatschew/Ragatschew *„Kriegsgefangener"*	Pawel	?	24.3.1945
77.	Rospisoski *„poln. Arbeiter"*	Edmund	15.11.1918	3.3.1941
78.	Sakotjura/Sakoljura/ Sakoljewa *„Kriegsgefangener"*	Jakow	13.3.1905	29.8.1942
79.	Samikischik/Sanikischuk *„Kriegsgefangener"*	Iwan	15.9.1909	4.12.1942

80.	Samojlenko	Anna	16.6.1920	4.6.1945
81.	Scherebatja	Alexjo	15.3.1912	25.6.1942
82.	Schewzow *„Ostarbeiter“*	Nikolei	10.10.1920	13.12.1944
83.	Scholnowatsch *„Kriegsgefangener“*	Kyrill	?	22.6.1944
84.	Schwiderski	Josef	12.3.1888	1.7.1918
85.	Senycz *„ukr. Zivilarbeiter“*	Wasyl	25.10.1906	10.7.1943
86.	Silkin *„Kriegsgefangener“*	Mitrofam/ Mitrofan	14./12.12.1905	20.12.1943
87.	Skiber *„Kriegsgefangener“*	Alexander	3.5.1909	13.11.1942
88.	Slesarew/Slesorow *„Kriegsgefangener“*	Michail	8.2.1906	15.11.1942
89.	Slinko/Schlinko *„Kriegsgefangener“*	Nikolei	?	23.3./5.1944
90.	Sludinikin *„Kriegsgefangener“*	Filip	1.1.1905	16.11.1942
91.	Smirnow	Fedor	?.?.1916	3.8.1945
92.	Sologub *„Kriegsgefangener“*	Semen	?	1.6.1943
93.	Start	Jesow	8.2.1904	14.11.1942
94.	Stezina *„Ostarbeiter“*	Gregori	?.	10.8.1942
95.	Stortcak *„ukr. Zivilarbeiter“*	Iwan	?	19.4.1945
96.	Oskonow/Oskanow *„Kriegsgefangener“*	Suliman	?.?.1912/1923	23.3.1944
97.	Szany	Stefan	12.5.1924	18.7.1945
98.	Szuhajlo	Michael	6,2.1921	24.7.1945
99.	Trunowa	Anna	20.10.1924	6.12.1942
100.	Tschernow *„Kriegsgefangener“*	Nikita	?	10.3.1945
101.	Tschipurko *„Ostarbeiter“*	Hury	13.2.1922	13.3.1945
102.	Tschitschilow *„Kriegsgefangener“*	Pawel	14.8.1902	20.11.1942
103.	Uljanowa	Ewgenia	6.10.1902	1.10.1943
104	Uriatko *„ukr. Zivilarbeiter“*	Dmytro	10.10.1918	3.2.1944
105.	Waschkiwitsch *„Kriegsgefangener“*	?	?	11.4.1945
106	Zarewski *„Kriegsgefangener“*	Iwan	15.4.1918	24.9.1942
107.	Zderka	Michael	1.8.1922	31.7.1945
108.	Ziaja *„Pole“*	Heinrich	14.1.1896	12.8.1940
109.	?	?	?	11.4.1945

110.	?	?	?	11.4.1945
111..	?	?	?	11.4.1945
112.	?	?	?	11.4.1945
113.	?	?	?	11.4.1945
114.	?	?	?	11.4.1945
115.	?	?	?	11.4.1945
116.	?	?	?	11.4.1945
117.	?	?	?	11.4.1945
118.	?	?	?	11.4.1945
119.	?	?	?	11.4.1945
120.	?	?	?	14.4.1945
121.	?	?	?	15.4.1945
122.	?	?	?	15.4.1945
123.	?	?	?	15.4.1945
124.	?	?	?	20.4.1945
125.	?	?	?	21.4.1945
126.	?	?	?	25.4.1945
127.	?	?	?	27.4.1945
128.	?	?	?	2.6.1945
129.	?	?	?	19.6.1945
130.	?	?	?	19.6.1945
131.	?	?	?	19.7.1945

Fehlende Namen:

	Aleyfewa	Walja	?	13.3.1945
	Armavir	Jesow	8.2.1904	14.11.1942
	Fedorotschenko	Iwan	15.1.1908	26.12.1942
	Szukajlo *„ukr. Zivilarbeiter“*	Michael	?	27.7.1945
	Wambwicz	Tatjana	?	18.7.1945
	Tscherwischowa *„Ostarbeiterkind“*	Nina	?	12.3.1945

Quellen und Literatur

Quellen

Gedenkbuch des Bundesarchivs für die Opfer der nationalsozialistischen Judenverfolgung in Deutschland (1933–1945); https://www.bundesarchiv.de/gedenkbuch/

Gedenkstätten für die Suche nach jüdischen Opfern: Ravensbrück, Esterwegen

Gedenkstätte Bergen-Belsen für die Opfer der Roma und Sinti

Gedenkstätten für Euthanasieopfer: Stiftung Gedenkstätten Sachsen-Anhalt

Gedenkstätte LVR-Kulturzentrum Abtei Brauweiler

International Tracing Service ITS – Internationaler Suchdienst Bad Arolsen (UNESCO)

Jehovas Zeugen Zweigbüro Zentraleuropa (Selters, Taunus)

Kreisarchiv Warendorf:
- Standesämter-Personenstandsregister (StA-PStR)
- Kreis Beckum, Sozialamt (Wiedergutmachungen)
- Stadt Ahlen, B 807, 808; C 112; C 703 (Meldekarteien)

Landschaftsverband Westfalen-Lippe, Münster
- Psychiatriearchiv

Landeswohlfahrtsverband Hessen Fachbereich Archiv, Bernburg
- Gedenkstätten, Historische Sammlungen
- Gedenkstätte Hadamar u.a.

Landesarchiv Nordrhein-Westfalen, Abteilung Westfalen

Landesarchiv der VVN-BdA NRW

Stadtarchiv Münster
- Datenbank „Zwangsarbeit"

Stadt Ahlen
- Kartenarchiv im FB 6 – Stadtentwicklung und Bauen der Stadt
- Standesamt der Stadt Ahlen

Literatur

Aden, Heinz: Die Evangelische Kirchengemeinde Ahlen in den Jahren 1933–1945. In: Ahlen in bedrängter Zeit 1933–1945. Religionsgemeinschaften während der Nazidiktatur. Schriftenreihe der VHS-Geschichtswerkstatt Ahlen. Ahlen 2015

AG Spurensuche. Materialien der AG Spurensuche des Städt. Gymnasiums Ahlen, pädagogische Leitung: Friedrich Löper. Ahlen o.J.

Baldauf, Reinhard: Die Zeugen Jehovas in Ahlen 1933–1945. In: Ahlen in bedrängter Zeit 1933 – 1945. Religionsgemeinschaften während der Nazidiktatur. Schriftenreihe der VHS-Geschichtswerkstatt Ahlen. Ahlen 2015

Baum, Stephan und Drees, Simon: Das städtische Realgymnasium Ahlen in der Zeit von 1933 bis 1945. Facharbeit im Leistungskurs Geschichte des Städtischen Gymnasiums Ahlen, 2009

Baur, Dominik: „Wir haben keine Lobby". Sinti und Roma in Deutschland. In: taz – die Tageszeitung, 15. September 2020, S. 13

Bürgerschützenverein Ahlen e.V. (Hrg.): Das Schützensilber des Bürgerschützenvereins Ahlen ab 1688 im Spiegel seiner Geschichte. Ahlen 2020

Bürger und Staat. Landeszentrale für politische Bildung Baden-Württemberg. Themenheft Antiziganismus, 1/2–2018

Čulina, Kevin: Vergessene Naziopfer: Erinnerung vertagt. taz – Die Tageszeitung, 29.04.2021

D'Arcangelis, Andrew Rocco Merlino: Die Verfolgung der sozio-linguistischen Gruppe, der Jenischen (auch als die deutschen Landfahrer bekannt) im NS-Staat 1934 – 1944. Dissertation zur Erlangung des akademischen Grades eines Doktors der Wirtschafts- und Sozialwissenschaften der HWP – Hamburger Universität für Wirtschaft und Politik vorgelegt von: Diplom Sozial-Ökonom Andrew Rocco Merlino D'Arcangelis aus Fort Plain, New York 2004

Ehemaliges NS-Lager als Versöhnungsort für eine Franziskanerin, Kirche und Leben, 15.10.2018

Flemnitz, Gaby: „Verschleppt, entrechtet, ausgebeutet" – Zwangsarbeit und Kriegsgefangenschaft im Kreis Warendorf im Zweiten Weltkrieg. Quellen und Forschungen des Kreises Warendorf. Hrsg. vom Kreisgeschichtsverein Beckum – Warendorf e.V., Warendorf 2009

Flemnitz, Gaby: Neue Befunde zu Kriegsgefangenschaft und Zwangsarbeit im Kreis Warendorf 1939–1945. In: Westfälische Forschungen 66/2016, Sonderdruck Aschendorff-Verlag, Münster 2016

Frieling, Christian: Priester aus dem Bistum Münster im KZ. 38 Biographien. Aschendorffsche Verlagsbuchhandlung, Münster, 2. Aufl. 1993

Garbe, Detlef: Zwischen Widerstand und Martyrium. Die Zeugen Jehovas im „Dritten Reich". Studien zur Zeitgeschichte Bd. 42. R. Oldenbourg Verlag München, 4. Aufl. 1999

Garbe, Detlef: Die mit dem „lila Winkel" – Die Zeugen Jehovas in den Konzentrationslagern. Geschichtswettbewerb des Bundespräsidenten. In: http://lernen-aus-der-geschichte.de/print/Lernen-und-Lehren/content/13195. September 2016

Gedenkbuch Brauweiler. LVR-Kulturzentrum Abtei Brauweiler

„Gegen Antisemitismus braucht es Prinzipien." Auszüge aus dem offenen Brief palästinensischer und arabischer Intellektueller zum Antisemitismus. taz – Die Tageszeitung, 30.11.2020

German Holocaust Survivor Selma Metzger Winkler. In: https://remember.org/selma

Gojny, Jürgen: Max Reimann, ein Ahlener Kommunist. In: Der beflügelte Aal. Heimatliches aus Ahlen, Dolberg, Vorhelm. Bd. 20; Hrg.: Heimat-Förderkreis für Westfälische Tradition e.V., Ahlen 2001

Gojny, Jürgen: Max Reimann, ein Ahlener Kommunist (Teil 2). In: Der beflügelte Aal. Heimatliches aus Ahlen, Dolberg, Vorhelm. Bd. 21; Hrg.: Heimat-Förderkreis für Westfälische Tradition e.V., Ahlen 2002

Gojny, Jürgen: Die Ahlener Industrie vom Ersten Weltkrieg bis zur kommunalen Neuordnung 1975. In: Der beflügelte Aal. Heimatliches aus Ahlen, Dolberg, Vorhelm. Bd. 24; Hrg.: Heimat-Förderkreis für Westfälische Tradition e.V., Ahlen 2005

Gojny, Jürgen: Ein Ahlener im KZ Lichtenburg. Das Schicksal von Kurt Schlegel in den Jahren 1935 bis 1937. In: Der beflügelte Aal. Heimatliches aus Ahlen, Dolberg, Vorhelm. Bd. 34; Hrg.: Heimat-Förderkreis für Westfälische Tradition e.V., Ahlen 2015

Grevelhörster, Ludger: Machtergreifung und Gleichschaltung in Ahlen 1930 – 1934. Ahlen 1987

Gümüşay, Kübra: Sprache und Sein. Hanser Verlag Berlin, 8. Aufl. 2020

Gummersbach, Hans Werner: … damit sich eine solche Menschenkatastrophe nie wiederholt. In: Der beflügelte Aal. Heimatliches aus Ahlen, Dolberg, Vorhelm. Bd. 3; Hrg.: Heimat-Förderkreis für Westfälische Tradition e.V., Ahlen o.J. (1984)

Gummersbach, Hans Werner: Der Weg nach Auschwitz begann auch in Ahlen. Vergessene Spuren der jüdischen Gemeinde einer Stadt in Westfalen. Klartext Verlag, Essen 1988

Gummersbach, Hans Werner: Der Weg nach Auschwitz begann auch in Ahlen. Vergessene Spuren der jüdischen Gemeinde einer Stadt in Westfalen. Neuauflage, Klartext Verlag, Essen 2013

Hesse, Hans: Stolpersteine. Idee. Künstler. Geschichte. Wirkung. Klartext Verlag, Essen 2017

Haus, Sebastian: Die Emanzipation der Juden im Königreich Westphalen 1807 - 1813. Digitales Archiv Marburg 2011, www.digam.net

Heid, Ludger J.: Ostjuden - Bürger, Kleinbürger, Proletarier. Geschichte einer jüdischen Minderheit im Ruhrgebiet. Klartext Verlag, Essen 2011
„100 Jahre Städtisches Gymnasium Ahlen", Festschrift zum 100-jährigen Bestehen des Städtischen Gymnasiums Ahlen 1911 - 2011. Herausgeber: Städtisches Gymnasium Ahlen, Ahlen o.J. (2012)

Hochhuth, Rolf: Eine Liebe in Deutschland. Roman. Ex libris - Volk und Welt, Lizenzausgabe Rowohlt Verlag Hamburg 1978, 4. Auflage

Huhn, Michael: „Moorsoldaten" aus Ahlen in den Emslandlagern des Nationalsozialismus. In: Der beflügelte Aal. Heimatliches aus Ahlen, Dolberg, Vorhelm. Bd. 10; Hrg.: Heimat-Förderkreis für Westfälische Tradition e.V., Ahlen 1991

Kehrer, Jürgen: Mord in Münster. Kriminalfälle aus fünf Jahrhunderten. Waxmann-Verlag Münster/New York, 2. Auflage 1996

Krauss, Martin: Wir waren die Stars von Terezín. Fußball im KZ Theresienstadt. taz - Die Tageszeitung, 29.11.2017

Künnemann, Reinhard: „Das neue Deutschland". Nationalsozialismus und Schule am Beispiel des Städt. Gymnasiums. In: 75 Jahre Städtisches Gymnasium 1911 - 1986. Festschrift zum 75jährigen Bestehen des Städtischen Gymnasiums Ahlen. Verlag E. Sommer, Ahlen 1986

Künnemann, Reinhard: Vom engsten Bündnispartner zum verachteten Kriegsgegner. Das Schicksal der italienischen Militärinternierten in Ahlen 1943–1945. In: Der beflügelte Aal. Heimatliches aus Ahlen, Dolberg, Vorhelm. Bd. 27; Hrg.: Heimat-Förderkreis für Westfälische Tradition e.V., Ahlen 2008

Langewand, Knut: „In Ahlen haben die Leute uns geholfen". Die Familie von Kleist als Flüchtlinge in der Wersestadt. In: Der beflügelte Aal. Heimatliches aus Ahlen, Dolberg, Vorhelm. Bd. 40; Hrg.: Heimat-Förderkreis für Westfälische Tradition e.V., Ahlen 2021.

Lila Winkel - die „vergessenen Opfer" des NS-Regimes. Die Geschichte eines bemerkenswerten Widerstandes. Begleitheft zur Ausstellung. Hrg.: Wachtturm Bibel- und Traktat-Gesellschaft, Selters/Taunus 1999

Massin, Dieter und Mechthild: Ahlen wegweisend. 50 Straßen, Wege und Plätze: Porträts und Geschichte(n). Anno-Verlag, Rheinberg 2014

McBride, James: Die Farbe von Wasser. Erinnerungen. Knaur-Verlag München, 2001

Möllenhoff, Gisela/Schlautmann-Overmeyer, Rita: Jüdische Familien in Münster, 1918 - 1945. Biographisches Lexikon. Verlag Westfälisches Dampfboot Münster, 1. Auflage 1995

Moszkowicz, Imo: Von den vier Ecken der Erde. In: Der beflügelte Aal. Heimatliches aus Ahlen, Dolberg, Vorhelm. Bd. 24; Hrg.: Heimat-Förderkreis für Westfälische Tradition e.V., Ahlen 2005

Moszkowicz, Imo: Marga und der Lehrer Tint. In: Der beflügelte Aal. Heimatliches aus Ahlen, Dolberg, Vorhelm. Bd. 28; Hrg.: Heimat-Förderkreis für Westfälische Tradition e.V., Ahlen 2009

Muth, Wolfgang: Ahlen 1870 - 1914. Die Industrialisierung einer münsterländischen Ackerbürgerstadt. Quellen und Forschungen zur Geschichte der Stadt Ahlen, Bd. 10. Selbstverlag der Stadt Ahlen 1989

Nachtwei, Winfried: Riga-Dossier - Reden, Artikel und Schriften eines ehemaligen Bundestagsabgeordneten, 2011 - 2016

Offele-Aden, Hildegard: Therese Münsterteicher. „Und wo sind die anderen?" Books on Demand GmbH. Ahlen, März 2002

Offele-Aden, Hildegard: „Und wo sind die anderen?" Therese Münsterteicher. In: Der beflügelte Aal. Heimatliches aus Ahlen, Dolberg, Vorhelm. Bd. 21; Hrg.: Heimat-Förderkreis für Westfälische Tradition e.V., Ahlen 2002

Paape, A.H.: Herinneringscentrum Kamp Westerbork. Rijksinstituut voor Oorlogdocumentatie. Uitgave: Stichting Herinneringscentrum Kamp Westerbork. Amsterdam 1984

Rennspieß, Uwe: „Jenseits der Bahn". Geschichte der Ahlener Bergarbeiterkolonie und der Zeche Westfalen. Klartextverlag, Essen 1989

Rennspieß, Uwe: Aufstieg des Nationalsozialismus. Eine vergleichende Lokalstudie der Bergbaustädte Ahlen und Kamen i.W. Klartext Verlag, Essen 1993

Röschenbleck, Paul: Wie Kaplan Andreas Grüter am 24. April 1941 der Gestapo entkam. In: Der beflügelte Aal. Heimatliches aus Ahlen, Dolberg, Vorhelm. Bd. 8; Hrg.: Heimat-Förderkreis für Westfälische Tradition e.V., Ahlen 1989

Sasse, Hans: Wilhelm Panke, ein Ahlener Schicksal im Zweiten Weltkrieg. In: Der beflügelte Aal. Heimatliches aus Ahlen - Vorhelm - Dolberg. Hrg.: Heimat-Förderkreis für Westfälische Tradition e.V. Ahlen. Bd. 23, Ahlen 2004

Schilling, Peter/Beckmann-Kircher, Gudrun/Simonsmeier, Monika (Hg.): Spuren der Erinnerung an jüdische Familien in Wolbeck. Lebensgeschichten zu Stolpersteinen. LIT-Verlag, Berlin 2016

Schorfheide, Rolf: „All Heil" und „Frisch Auf". Radsport in Ahlen. Klartext-Verlag Essen, November 1990

Schorfheide, Rolf: Wie der Aal unter die Sohle kam. Ahlen und seine Schuhindustrie. Herausgegeben von der Stadt Ahlen, März 1996

Schwarze, Bernward: Die katholische Kirche in Ahlen 1933–1945. In: Ahlen in bedrängter Zeit 1933–1945. Religionsgemeinschaften während der Nazidiktatur. Schriftenreihe der VHS-Geschichtswerkstatt Ahlen. Ahlen 2015

Selma Metzger Winkler Bears Witness. www.rumbula.org/Selma_Metzger_Winkler_Bears_Witness.pdf

Spiegel, Marga: Retter in der Nacht. Wie eine jüdische Familie in einem münsterländischen Versteck überlebte. Lit-Verlag Münster, 3. Auflage 1999

Staas, Christian: „Bald sprechen nur noch die Quellen". Interview mit der Historikerin Susanne Heim. In: Die ZEIT, 22.04.2021, S. 17

Süß, Winfried: Dezentralisierter Krankenmord. Zum Verhältnis von Zentralgewalt und Regionalgewalten in der „Euthanasie" seit 1942. In: Horst Möller, Jürgen John, Thomas Schaarschmidt (Hrsg.): NS-Gaue – regionale Mittelinstanzen im zentralistischen „Führerstaat". Oldenbourg, München 2007, S. 123–135, hier S. 123, 135.

Temme, Hans: Pater Josef Schmidt von der Gestapo verfolgt. In: Der beflügelte Aal. Heimatliches aus Ahlen, Dolberg, Vorhelm. Bd. 12; Hrg.: Heimat-Förderkreis für Westfälische Tradition e.V., Ahlen 1993

Triller, Kurt Willy: Wege gegen das Vergessen – Stolpersteine für Zeugen Jehovas auch in Heidelberg. Faltblatt, Heidelberg 2015

Volksbund Deutsche Kriegsgräberfürsorge e.V. Auf der Suche nach den Moorsoldaten. In: Beispiele Praxis, pädagogische Handreichung – Arbeit für den Frieden, Ausgabe 04/2003

Walter, Bernd: Psychiatrie und Gesellschaft in der Moderne. Geisteskrankenfürsorge in der Provinz Westfalen zwischen Kaiserreich und NS-Regime. Landschaftsverband Westfalen-Lippe, Forschungen zur Regionalgeschichte, Bd. 16. Verlag Ferdinand Schöningh Paderborn 1996

Wilke, Rembert: Imo Moszkowicz im Gespräch mit Corinna Spies. In: Der beflügelte Aal. Heimatliches aus Ahlen, Dolberg, Vorhelm. Bd. 27; Hrg.: Heimat-Förderkreis für Westfälische Tradition e.V., Ahlen 2008

Wolff, Christian: Ein Stück vom „alten Ahlen". Vor 40 Jahren verschwand das Alte Gasthaus Deter. In: Der beflügelte Aal. Heimatliches aus Ahlen, Dolberg, Vorhelm. Bd. 29; Hrg.: Heimat-Förderkreis für Westfälische Tradition e.V., Ahlen 2010

Abbildungsverzeichnis

Abb. 1: Foto: Kreis Warendorf
Abb. 2: Manfred Kehr
Abb. 3: Kreisarchiv Warendorf
Abb. 4: Kreisarchiv Warendorf
Abb. 5: Fotoarchiv Christian Wolff
Abb. 6: Manfred Kehr
Abb. 7: Stadt Ahlen
Abb. 8: Fotoarchiv Christian Wolff
Abb. 9: Stadt Ahlen
Abb. 10: Internationale Holocaust-Gedenkstätte Yad Vashem, Foto- und Filmarchiv
Abb. 11: Internationale Holocaust-Gedenkstätte Yad Vashem, Foto- und Filmarchiv
Abb. 12: Manfred Kehr
Abb. 13: Manfred Kehr
Abb. 14: Deutsches Riga-Komitee
Abb. 15: Manfred Kehr
Abb. 16: Manfred Kehr
Abb. 17: Manfred Kehr
Abb. 18: Manfred Kehr
Abb. 19: Fotoarchiv Christian Wolff
Abb. 20: Stadt Willich
Abb. 21: International Tracing Service Bad Arolsen
Abb. 22: Internationale Holocaust-Gedenkstätte Yad Vashem, Foto- und Filmarchiv
Abb. 23: Fotoarchiv Christian Wolff
Abb. 24: Fotoarchiv Christian Wolff
Abb. 25: Internationale Holocaust-Gedenkstätte Yad Vashem, Foto- und Filmarchiv
Abb. 26: International Tracing Service Bad Arolsen
Abb. 27: Manfred Kehr
Abb. 28: Manfred Kehr
Abb. 29: Manfred Kehr
Abb. 30: Internationale Holocaust-Gedenkstätte Yad Vashem, Foto- und Filmarchiv
Abb. 31: Stadt Bad Schönborn
Abb. 32: Kreisarchiv Warendorf
Abb. 33: Stadt Ahlen
Abb. 34: Stadt Ahlen
Abb. 37: Manfred Kehr
Abb. 39: Kreisarchiv Warendorf
Abb. 40 Kreisarchiv Warendorf

Abb. 41: Internationale Holocaust-Gedenkstätte Yad Vashem, Foto- und Filmarchiv
Abb. 43: Stadt Ahlen
Abb. 44: Stadt Ahlen
Abb. 45: Archiv des Landeswohlfahrtsverbands Hessen (LWV), F 12 Nr. 192: Ansicht der Gebäude der Landesheilanstalt Hadamar von Süden, rauchender Kamin des Krematoriums, 1941
Abb. 46: Stadt Ahlen
Abb. 47: Privatbestand Michaela Wiese-Weber
Abb. 48: Privatbestand Michaela Wiese-Weber
Abb. 49: Fotoarchiv Ahlener Zeitung
Abb. 50: Stadt Ahlen
Abb. 51: Stadt Ahlen
Abb. 52: Manfred Kehr
Abb. 53: Fotoarchiv Christian Wolff
Abb. 54: Fotoarchiv Christian Wolff
Abb. 55: Stadt Ahlen
Abb. 56: Manfred Kehr
Abb. 57: Kreisarchiv Warendorf
Abb. 58: Stadt Ahlen
Abb. 59: Stadt Ahlen
Abb. 60: Stadt Ahlen
Abb. 61: Privatbestand Familie Grosch
Abb. 62: Kreisarchiv Warendorf
Abb. 62a: Stadt Ahlen
Abb. 62b: Manfred Kehr
Abb. 63: Stadt Ahlen
Abb. 64: Manfred Kehr
Abb. 65: Jürgen Rheker
Abb. 66: Stadt Ahlen
Abb. 67: Privatbestand Jürgen Manteufel
Abb. 68: Landesarchiv NRW Abt. Westfalen
Abb. 70: Manfred Kehr
Abb. 71: Privatbestand Ralf Dolberg
Abb. 72: Wikimedia Commons
Abb. 73: Wikimedia Commons
Abb. 74: Kreisarchiv Warendorf
Abb. 75: Stadt Ahlen
Abb. 76: Manfred Kehr
Abb. 77: Manfred Kehr
Abb. 78: Manfred Kehr
Abb. 79: Manfred Kehr

Der Abdruck erfolgt mit freundlicher Genehmigung der Urheber.

Danksagung

Danke an Frank Merschhaus und Christoph Wessels, die mir den Auftrag erteilten, dieses Buch zu schreiben und mir gleichzeitig das Vertrauen aussprachen, ich werde es schon machen, wenn ich nur das Beste aus mir heraushole. Ich bin überzeugt, dass mir das gelungen ist …

Ich danke meiner Frau Heidrun, die die ersten Entwürfe gelesen hat und mir versicherte, dass das kein kompletter Unsinn ist, den ich da zu Papier bringe.

Ich danke meinem „Lektor" Lothar Weichel, der das Buch als wichtig für die Ahlener Stadtgesellschaft bezeichnete.

Schließlich danke ich Dr. Knut Langewand vom Vorstand des Kreisgeschichtsvereins Warendorf, der mir weitere ergiebige Quellen erschloss, einige hilfreiche Hinweise gab und in seiner Verlegerfunktion diesem Buch den Produktionsweg ebnete.

Über den Autor

Manfred Kehr, Jahrgang 1954, ausgebildeter Gymnasiallehrer für die Fächer Französisch und Geographie, wurde als solcher in den 80er Jahren nicht gebraucht und erhielt so die Möglichkeit, der Gesellschaft anderweitig nützlich zu sein, als

- Arbeitsloser
- Musiker
- Deutschlehrer in Frankreich
- Dolmetscher
- Journalist
- Reiseleiter
- Stadtführer
- Nachtportier
- Hobby-Historiker
- Gitarrenlehrer
- Regisseur
- Moderator
- Kabarettist
- Literat und Buchautor („Das Münsterland und seine Lieder")
- VHS-Dozent
- Kommunalpolitiker
- Flüchtlingshelfer und
- 29 Jahre als Angestellter der Stadt Ahlen, die er u.a. dazu nutzte, 185 Stolpersteine zu verlegen.

Seit Juni 2020 ist er leidenschaftlicher Rentner.

Quellen und Forschungen zur Geschichte des Kreises Warendorf

Die Reihe *„Quellen und Forschungen zur Geschichte des Kreises Warendorf"* stellt Themen aus der Geschichte und Landeskunde des Kreises, seiner Städte und Gemeinden als Quelleneditionen oder als wissenschaftliche Untersuchungen vor. Sie ist 1967 begründet worden und wird vom Kreisgeschichtsverein Beckum-Warendorf e.V. herausgegeben.

Der Bezug erfolgt über den Buchhandel sowie über den

Aschendorff Verlag GmbH & Co. KG, Soester Str. 13, 48155 Münster.

Band	***Titel***	***Preis***
1	Helmert, Friedrich (Hg.): Sankt-Stephanus Beckum, Stift und Kirche, Beckum 1967, 230 S.	*vergriffen*
2	Schmieder, Siegfried: Quellen zur Geschichte des Klosters Liesborn, Beckum 1968, 148 S.	3,00 €
3	Schmieder, Siegfried: Die Urkunden des Klosters Liesborn 1 (1019–1464), Teil 1 (1019–1383), Beckum 1969, 294 S.	3,00 €
4	Schmieder, Siegfried: Die Urkunden des Klosters Liesborn 1 (1019–1464), Teil 2 (1384–1464), Beckum 1970, 220 S.	3,00 €
5	Schulte, Anton, Zwischen Ems und Lippe. Vorträge und Aufsätze aus der Geschichte des Beckumer und Warendorfer Landes, Beckum 294 S.	*vergriffen*
6	Koenig, Wieland: Studien zum Meister von Liesborn. Beckum 1974, 94 S., 129 teils farbige Abb.	*vergriffen*
7	Schulte, Anton: Familiengeschichtliche Forschungen I, Beckum 1976, 288 S.	*vergriffen*
8	Schulte, Anton: Familiengeschichtliche Forschungen II, Beckum 1977, 256 S.	*vergriffen*
9	Schulte, Anton: Beiträge zur Geschichte der Stadt Beckum, Beckum 1979, 259 S., 39 s-w Abb.	*vergriffen*
10	Marienwallfahrt Telgte: Beiträge zur Geschichte und -Verehrung, Warendorf 1980, 198 S.	5,00 €
11	Wirtschaftsgeschichtliche Forschungen: Josef Brüggemann, Die Geschichte des Portlandzements und die Entwicklung der Zementindustrie im Raum Beckum; Manfred Hoppe, Strukturwandlung der Stadt Sassenberg nach dem Zweiten Weltkrieg, Warendorf 1982, 167 S.	5,00 €

Band	Titel	Preis
12/13	Lesting, Heinrich (Bearb.): Geschichte der Höfe und Familien in Stadt und Kirchspiel Oelde, Oelde 1984, 816 S.	*vergriffen*
14	Wallmeier, Wilhelm: An Ems und Bever. Beiträge zur Geschichte der Stadt Warendorf und ihres Umlandes zwischen Reformation und Gegenwart, aus dem Nachlass hg. u. eingeleitet v. Paul Leidinger, Warendorf 1985, 419 S.	5,00 €
15	Lymant, Brigitte: Die Kreuzsammlung im Museum Abtei Liesborn, Warendorf 1996. 219 S.	*vergriffen*
16	Krick, Hugo: Geschichte und Schicksal der Juden zu Beckum, Warendorf 1983, 159 S.	*vergriffen*
17/18	Schmieder, Siegfried (Hg.): Oelde, die Stadt, in der wir leben. Beiträge zur Stadtgeschichte, Oelde 1987, 868 S.	*vergriffen*
19	Brömmelhaus, Matthias: „Nach unbekannt verzogen". Die Geschichte der Warendorfer Juden in der Zeit des Dritten Reiches, Warendorf 1988, 168 S.	5,00 €
20	Köster, Barbara: Das Warendorfer Emstal gestern und heute. Der Einfluß der Emsregulierung auf Landschaft und Agrarnutzung in der Warendorfer Emstalung, Warendorf 1989, 184 S.	5,00 €
21	Schütter, Silke (Hg.) unter Mitarbeit von Carla Schulz-Geisberg: Ein Auswanderinnenschicksal in Briefen und Dokumenten. Ein Beitrag zur Geschichte der westfälischen Amerikaauswanderung im 19. Jahrhundert (1827–1899), Warendorf 1989, 400 S.	5,00 €
22	Bley, Hartwig: Der Freckenhorster Stifter Everword und die Reliquientranslationen des Jahres 860. Untersuchungen zur frühen Geschichte des Bonifatiusstiftes Freckenhorst, Warendorf 1990, 174 S.	*vergriffen*
23	Schleier, Bettina: Territorium, Wirtschaft und Gesellschaft im östlichen Münsterland (1750–1850), Warendorf 1990, 240 S.	*vergriffen*
24	Schmieder, Siegfried (Hg.): Die Einwohner der Stadt Warendorf im Jahre 1816, Warendorf 1991, 146 S.	*vergriffen*
25	Mennebröcker, Mechthild: Häuser und Höfe der Gemeinde Wadersloh, Warendorf 1991, 719 S., 27 K.	5,00 €
26	Schwieters, Julius: Nachrichten über Freckenhorst. Hg. und eingeleitet von Wilhelm Grabe unter Mitarbeit von Walter Schüller, Warendorf 1993, 375 S.	5,00 €
27	Das Wechselbuch des Klosters Vinnenberg 1465 bis 1610. Bearb. von einer Arbeitsgemeinschaft der Westfälischen Gesellschaft für Genealogie und Familienforschung, Warendorf 1994, 232 S., 1 K.	5,00 €
28	Gesing, Martin: Der Strontianitbergbau im Münsterland, Warendorf 1995, 647 S., 8 Karten	*vergriffen*
29	Döhring, Klaus: Der Orgelbau im Kreis Warendorf, Warendorf 1995, 570 S., 103 s-w Abb.	*vergriffen*
30	Fleitmann, Wilhelm: Beiträge zur Geschichte der Post im Kreis Warendorf, hg. v. Wilhelm Grabe, Warendorf 1996, 287 S.	5,00 €
31	Gojny, Jürgen: Der Altkreis Warendorf im Zweiten Weltkrieg 1939–1945, Warendorf 1996, 223 S.	*vergriffen*